Kartoffelsuppe	Majoran, Schnittlauch, Petersilie
Kohlgerichte	Basilikum, Kümmel
Kuchen	Anis, Ingwer, Muskatnuss, Vanille, Zimt
Obstchutneys	Ingwer, Gewürznelken, Kardamom, Zimt
Obstsalat	Anis, Ingwer, Kardamom, Vanille
Pizza	Basilikum, Knoblauch, Oregano, Paprika, Thymian
Paella	Knoblauch, Paprika, Safran
Punsch	Gewürznelken, Ingwer, Kardamom, Zimt
Reis	Currymischung, Galgant, Ingwer, Kardamom, Kreuzkümmel, Safran
Rindersteak	Cayennepfeffer, grüner Pfeffer, Knoblauch, Kresse, Rosmarin
Sauerkraut	Kümmel, Lorbeer, ganze Pfefferkörner
Schweinebraten, -bauch	Beifuß, Cayennepfeffer, Estragon, Fenchelsamen, Knoblauch, Paprika, Petersilie, Rosmarin
Spinat	Kreuzkümmel, Ingwer, Knoblauch, Majoran, Muskatnuss
Süßspeisen	Anis, Ingwer, Kardamom, Muskatnuss, Vanille, Zimt
Tee- und Kaffeegebäck	Anis, Fenchelsamen, Gewürznelke, Ingwer, Kardamom, Muskatnuss, Zimt
Tomatensalat	Basilikum, Dill, Estragon, Korianderblätter, Paprika
Wildgerichte	Estragon, Fines herbes, Gewürznelke, Koriandersamen, Rosmarin, Salbei, Thymian
Wurzelgemüse	Ajowan, Dill, Estragon, Schnittlauch

Salz und Pfeffer gehören zum Abschmecken mit Ausnahme von Obst- und Süßspeisen an fast alle Gerichte.

Dr. Jörg Zittlau

Heilende Gewürzküche

Gesundheit und Wohlbefinden durch die sanfte Wirkung von Gewürzen

Ludwig

Inhalt

Bereits die Griechen der Antike schätzten Gewürze als vielseitige Heilmittel.

Fenchel- und Anissamen können zahlreiche Beschwerden sanft lindern.

Kardamon zeichnet sich aufgrund seiner zahlreichen Öle durch einen ausgewogenen runden Geschmack aus.

Viele Gewürze lassen sich problemlos selbst ziehen und sind viel aromatischer als gekaufte Ware.

Gewürzpflanzen verfeinern nicht nur Speisen, sie unterstützen auch unsere Gesundheit.

Vorwort

Oft unterschätzt

In den gängigen Lexika findet man über Gewürze in der Regel nicht gerade viel. Dort ist dann von Gewürzpflanzen die Rede, »die durch ihren pikanten oder aromatischen Geschmack den Charakter einer Speise bestimmen oder den Eigengeschmack der Speise betonen«, oder von »Tropenpflanzen, die gewöhnlich zum Würzen von Speisen verwendet werden«. Von ihrer Bedeutung für die Gesundheit ist meist nur zu lesen, dass Gewürze die Bekömmlichkeit unserer Mahlzeiten verbessern können.

Mit dieser Einstellung trifft man die Meinung, die in der Bevölkerung vorherrschend ist. Demnach können Gewürze unser Trinken und Essen verfeinern und bekömmlicher machen, wodurch sicherlich unsere Lebensqualität gesteigert wird. Doch wenn es um die Heilung und das Vorbeugen von Krankheiten geht, verlässt man sich lieber auf die chemischen und technischen Errungenschaften der Medizin. Und wenn auf chemische Medikamente verzichtet werden soll, greift man zu Heilkräutern, Homöopathie, Bach-Blüten-Extrakten, Akupunktur, Urintherapie und Ähnlichem, nicht aber zu Gewürzen.

Darf Gesundheit gut schmecken?

Gewürze schmecken und sind gesund. Sie können auch viele Krankheiten heilen. Wunderdinge darf man von ihnen jedoch nicht erwarten. Sie sind auch kein ausreichender Ersatz für ärztlichen Rat und die chemisch-technischen Möglichkeiten der modernen Medizin.

Die Geschichte der Gewürze beginnt damit, dass man sie seit der Antike vorwiegend zu Heilzwecken einsetzte. Zahlreiche berühmte Ärzte und Heilkundige wie Hippokrates, Hildegard von Bingen und Pfarrer Kneipp führten sie in ihrem Heilpflanzensortiment. Auch heute werden sie von der Pharmaindustrie in zahlreichen Präparaten verarbeitet.

Die heilenden Effekte vieler Gewürze sind mittlerweile wissenschaftlich gut dokumentiert, viele ihrer Inhaltsstoffe sind erkannt und lassen hinsichtlich ihrer Wirksamkeit keine Zweifel mehr offen. Dennoch besitzen Pfeffer, Paprika, Ingwer und Co. keinesfalls den Status eines hilfreichen Medikaments, in einigen Diäten wird sogar ausdrücklich auf ihren Verzicht gedrängt, was natürlich nicht gerade zu ihrem gesundheitsfördernden Image beiträgt.

Warum haben es aber Gewürze so schwer, sich in der Heilung und beim Vorbeugen von Krankheiten zu etablieren? Einer der Gründe liegt darin, dass die Zeiten, in denen man mit Gewürzen viel Geld verdienen konnte, vorbei sind. Von wenigen Ausnahmen wie Safran und Kardamom abgesehen sind sie heute für jedermann erschwinglich – und dadurch für ein Gesundheitswesen, das sich zu einem großen Teil am Profit orientiert, uninteressant.

Der Hauptgrund liegt aber sicher darin, dass Gesundheit im Bewusstsein vieler Menschen damit verbunden ist, keinesfalls gut schmecken zu dürfen. Wie hieß es schon zu Großmutters Zeiten: »Was hilft, schmeckt bitter.« Und so zwang man sich all die Jahre Lebertran sowie Aufgüsse aus Beinwellwurzeln und Wermut hinein, mit der festen Überzeugung, dass sich beim Verzehr eines hilfreichen Medikaments eben die Gesichtszüge im Ekel verziehen müssen. Ersatzweise ist man allenfalls bereit, die Widerlichkeiten in geschmacksneutrale Pillen zu verwandeln. Dass ein Gewürz heilen kann, mit dem ansonsten Speisen veredelt sowie Gaumen und Nase verwöhnt werden, wird bis heute nur von den wenigsten akzeptiert.

Karl der Große verfügte, dass etwa 70 Heil- und Würzkräuter auf allen kaiserlichen Gütern anzupflanzen seien. Leider wurde dies nicht von allen befolgt, so dass die Heilkraft der Gewürze lange in Vergessenheit geriet. Einzige Ausnahmen waren die Klöster wie zum Beispiel St. Gallen.

Gesundheit und Geschmack sind kein Widerspruch

Dieses Buch soll Ihnen zeigen, dass Gesundheit sehr wohl schmecken kann. Wir wollen Ihnen insgesamt 34 Gewürze vorstellen. Ihre Inhaltsstoffe und die medizinischen Möglichkeiten werden dabei genauso dargelegt wie ihre Verwendungsmöglichkeiten in der Küche, dazu die wichtigsten Fakten zu Kauf und Lagerung.

Einen weiteren Schwerpunkt haben wir auf ihre Bedeutung innerhalb der Ayurvedalehre, der Wissenschaft des Lebens, gelegt, denn in dieser uralten indischen Philosophie, die den Menschen ganzheitlich mit seinen seelischen und körperlichen Eigenheiten betrachtet, spielen Gewürze traditionell eine tragende Rolle.

Im anschließenden Rezeptteil kann man sich schließlich vom medizinischen und kulinarischen Wert des jeweiligen Gewürzes überzeugen, wobei wir bewusst Speisen den Vorzug gegeben haben, deren Zubereitung schlicht und deren Fleischgehalt niedrig ist. Dadurch kann das jeweilige Gewürz seinen geschmacklichen Charakter und seine gesundheitlichen Vorzüge besser zur Entfaltung bringen.

Gewürze haben eine jahrtausende alte Tradition.

Geschichte der Gewürze

Die Ursprünge

Bis heute ist nicht eindeutig geklärt, wo genau die Ursprünge von Anbau und Verwendung der Würzpflanzen liegen. Ob sie der Menschheit wirklich vom weisen Kaiser Shen Nung gelehrt wurden, der vor über 5000 Jahren gelebt haben soll, muss bezweifelt werden, diese Geschichte gehört wohl eher in das Reich der Legenden. Nichtsdestoweniger hatte er mit seinem Buch über die Wirkung und den Gebrauch von Kräutern und Gewürzen einen großen Einfluss und verursachte gewissermaßen eine Art »Initialzündung« für die Geschichte der Gewürze.

Die medizinischen Wurzeln

Die Gewürze waren in den Ursprungszeiten als Medizin mindestens genauso wichtig wie als Geschmacksbereicherung der Mahlzeiten. In der über 5000 Jahre alten Ayurvedalehre spielen Gewürze eine entscheidende Rolle, und der »Ebers-Papyrus«, eine medizinische Schrift aus der Zeit um 1550 v. Chr., berichtet davon, dass den Ägyptern Anis, Bockshornklee, Kümmel, Kardamom, Myrrhe, Senf, Sesam, Zimt (Kassie) und viele andere Gewürze bekannt waren, die sie weniger für ihre Speisen als für das Einbalsamieren der Toten, die Körperpflege und die Desinfektion ihrer Häuser verwendeten.

Vermutlich haben Hippokrates und Empedokles wirklich ihre Heilslehre aus Beobachtungen in der Küche abgeleitet. Darin liegt nichts Unwissenschaftliches. Labors gab es damals noch nicht, wo sonst sollte ein Wissenschaftler seine Erfahrungen sammeln als in der Küche?

Auch die Griechen der Antike schätzten Gewürze als Heilmittel. Durch Alexander den Großen hatten sie das Gewürzhandelsmonopol von den Phöniziern erobert, so dass sie auch an fernöstliche Gewürze wie Ingwer, Pfeffer und Zimt (Kassie) herankamen. Ihr berühmter Arzt Hippokrates (460–377 v. Chr.) führte eine ganze Reihe von Gewürzen in seinem Heilpflanzensortiment. Medizinhistoriker behaupten sogar, dass er und sein geistiger Vater Empedokles (490–430 v. Chr.) ihre Lehre, wonach die vier Elemente Feuer, Luft, Wasser und Erde zum Erhalt der Gesundheit ins Gleichgewicht gebracht werden müssten, aus Beobachtungen in der Küche abgeleitet hätten.

Der Weg von der Medizin zum Gewürz

Im antiken Rom verloren die gesundheitlichen Vorzüge der Gewürze an Bedeutung. Die Römer hingen mehr am praktischen Leben und am sinnlichen Genuss als an der philosophisch-medizinischen Reflexion. Sie waren die Ersten, die Würzpflanzen in großem Stil anbauten und importierten, um sie vor allem zum Würzen zu benutzen. Daran sollte sich auch in den folgenden Jahrhunderten nichts ändern.

Es dauerte fast bis zum Mittelalter, bis auch die mitteleuropäische Küche die Gewürze für sich entdeckte. Ende des 14. Jahrhunderts konnte die – gut betuchte – Pariser Hausfrau von Berufsköchen bereits pikante Würzsaucen kaufen. Doch waren Gewürze sündhaft teuer, weil sich ihr Handel auf wenige Monopolisten in Venedig, Genua und Arabien beschränkte.

Im Jahr 1498 erreichten dann portugiesische Seefahrer auf dem Pazifikweg Kalikut, die wichtigste Hafenstadt der indischen Westküste. Sie kehrten mit Gewürzen und Diamanten in die Heimat zurück – und hatten bereits die Erklärung des westindischen Herrschers bei sich, mit Portugal regen Handel zu betreiben. Damit eröffneten sich natürlich ganz neue Perspektiven für den Gewürzhandel, der dann auch sprunghaft anstieg. Zwar brachen zwischen Arabern, Venezianern, Portugiesen, Spaniern und Holländern noch zahlreiche Kämpfe um die Vorherrschaft im Gewürzhandel aus, doch die Konkurrenz belebte das Geschäft, und so gingen die Gewürzpreise schlagartig nach unten.

Früher spielten bei den Gewürzen medizinische Aspekte eine führende Rolle. Als Würzmittel in der Küche wurden sie erst im antiken Rom bekannt.

Die Situation heute

Großes Geld kann man heute mit Gewürzhandel nicht mehr machen, dazu ist das Angebot zu vielfältig. Gleichwohl spielt er für die – in der Regel armen – Herstellerländer nach wie vor eine große Rolle. Der größte Teil der Gewürze kommt heute aus Indien, mit weitem Abstand folgen Indonesien, Brasilien und Madagaskar. Hauptimporteure sind die USA, Japan, Deutschland und Frankreich. Beim Konsum der verschiedenen Gewürze führt Pfeffer vor Paprika, Kümmel, Muskat und Zimt.

Gewürze zählen heute zum alltäglichen Bestandteil des Essens. Manche Extrakte werden auch in Medikamenten verarbeitet, doch insgesamt spielen Gewürze als Medizin beim Verbraucher keine besondere Rolle mehr. Doch möglicherweise wird sich das bald ändern …

Medizinische Wirkungen

Wurzeln, Kräuter und Samen wirken lindernd, anregend oder ausgleichend auf unseren Organismus.

Ein breites Spektrum

Heilkräuter wie Johanniskraut, Ringelblume oder Blutwurz sind mittlerweile in der Medizin fest etabliert, und auch in der breiten Bevölkerung bestehen keine Zweifel mehr daran, dass ihnen bei der Therapie und zur Vorbeugung von Erkrankungen eine entscheidende Bedeutung zukommen kann. Gewürze besitzen hingegen den Ruf und die Bedeutung, uns das Leben verlockender, bunter, duftiger und aromatischer zu machen und Gerichte aus aller Herren Länder original zubereiten zu können. Eine konkrete medizinische Wirkung unterstellen ihnen nur die wenigsten – meistens nur aus Unwissenheit.

Dabei zeigt schon die Liste der gängigen Heilpflanzen, dass sich unter ihnen auch viele Gewürze finden. Man denke an Anis, Kümmel und Thymian, die sich nicht nur als Tinktur oder Teeaufguss zu Gemüte führen lassen, sondern die man auch über das Essen streuen kann.

Die Chinesen, Inder, Ägypter, Araber, Griechen und Römer setzten alle auf die Heilkraft von Pflanzen, unter denen sich auch viele Gewürze befanden. Arabische Ärzte heilten Blähungen mit Galgant, der chinesische Arzt Chiang Ti kurierte Schmerzen mit der Gewürznelke und der römische Medizinhistoriker Plinius d. Ä. erwähnte den Kreuzkümmel als Heilgewürz gegen Durchfall und Appetitlosigkeit. Auch berühmte Heilkundige wie Hippokrates, Paracelsus, Hildegard von Bingen und Pfarrer Kneipp führten in ihrem Heilpflanzensortiment eine nicht unerhebliche Zahl von Gewürzen.

Gewürze haben nicht nur in der alternativen Medizin eine lange Tradition. Auch die moderne Pharmaindustrie kann auf sie bis heute bei der Herstellung ihrer Präparate nicht verzichten.

Nur die wenigsten wissen schließlich, dass Gewürze bis heute von der modernen Pharmaindustrie bei der Herstellung von Präparaten verwendet werden. Knoblauch-, Salbei-, Thymian- und Rosmarinpräparate sind gerade noch hinlänglich bekannt, aber wer weiß, dass Basilikum in Tropfen gegen Reizmagen und Blähungen verarbeitet wird, Fenchelsamen in über 60 Teemischungen gegen Verdauungsbeschwerden sowie in unzähligen Hustensaftpräparaten für Kinder zu finden sind, Kurkumapräparate bei Gallenbeschwerden angewendet werden und Ingwer zu den Bestandteilen der meisten Medikamente gegen Reisekrankheit gehört?

Wirkungen auf verschiedenen Ebenen

Gewürze erreichen ihre gesundheitsfördernde Wirkung über unterschiedliche Ebenen. Da sind zunächst ihre chemischen Inhaltsstoffe, die in unserem Körper biochemische Reaktionen auslösen, beispielsweise in der Art, dass sie die Verdauungsvorgänge mobilisieren oder aber direkt antibiotisch gegen bestimmte Krankheitserreger vorgehen. Auf einer anderen Wirkungsebene befinden sich Geruch und Geschmack der Gewürze. Gewürze zeichnen sich dadurch aus, dass sie auf engstem Raum Aroma- und Geschmacksnoten beherbergen und an den Menschen weitergeben können. So reichen schon einige Zehntelgramm Safran aus, um einer Mahlzeit den unvergleichlichen Safranstempel aufzudrücken. Und dass Aroma und Geschmack ganz entscheidend zu unserem Wohlbefinden beitragen können, ist nicht erst seit der Wiederentdeckung der Aromatherapie bekannt.

Die Wirkung der Gewürze beruht hauptsächlich auf ihren sekundären Inhaltsstoffen. Frischkräuter wie Petersilie und Dill können aber auch als Vitaminversorger eine wichtige Rolle spielen.

Gewürze und ihre Vitamine

Wie bei anderen Pflanzen findet man auch in den Gewürzen eine weite Palette von Vitaminen und Mineralien. In Frischkräutern wie Beifuß, Dill, Kresse und Liebstöckel konnten Wissenschaftler beachtliche Werte an Vitamin C entdecken, absoluter Spitzenreiter ist allerdings mit 166 Milligramm auf 100 Gramm die Petersilie. Vitamin C zählt zu den unentbehrlichen Stoffen für unser Immunsystem, es wirkt außerdem oxidationshemmend und damit vorbeugend auf das Wachstum von Krebstumoren. In jüngerer Zeit scheint auch einiges darauf hinzudeuten, dass größere Mengen an Vitamin C den unheilvollen Verlauf von Arteriosklerose stoppen können.

Andere Gewürzpflanzen wie Safran und Estragon enthalten größere Mengen an B-Vitaminen, die vor allem für den Stoffwechsel, die Haut und die Arbeit unseres Gehirns benötigt werden. Besonders häufig vertreten sind die beiden B-Vitamine Folsäure und Riboflavin.

Auch wenn Gewürze mitunter hohe Vitaminwerte aufweisen können, spielen sie doch als Vitaminversorger eine zweitrangige Rolle. Der Grund dafür ist: Die meisten Vitamine gehen beim Lagern in großem Umfang verloren, es sind also lediglich die Frischkräuter, die als Vitaminversorger infrage kommen. Und auch die Bedeutung der Frischkräuter als Vitaminlieferant sinkt erheblich, wenn sie bei der Essenszubereitung mitgekocht werden. Die meisten Vitamine - vor allem Vitamin C - sind ausgesprochen hitzeempfindlich.

Gewürze und ihre Mineralien

Anders verhält es sich bei den Mineralien. Man findet in den Gewürzen vor allem große Mengen an Magnesium, Mangan, Kalzium, Eisen, Fluor und Jod, die auch beim Kochen weitgehend unangetastet bleiben. Dennoch spielen starke Gewürze wie Cayennepfeffer, Safran oder Kurkuma keinerlei Rolle als Mineralienlieferanten. Sie werden nur in ganz geringen Mengen auf die Speisen gestreut und können dadurch auch nur geringfügig zu unserer Mineralversorgung beitragen. Die Anzahl der wirklich wichtigen Mineralienlieferanten beschränkt sich daher wie bei den Vitaminen auf Würzkräuter wie Petersilie, Dill, Liebstöckel, Borretsch, Kresse und andere.

Gewürze wirken vor allem durch ihre sekundären Inhaltsstoffe. Diese dienen in der freien Natur der Würzpflanze unter anderem dazu, sich vor Mikrobenbefall und Insektenfraß zu schützen. Uns Menschen dienen sie zum Erhalt unserer Gesundheit.

Sekundäre Inhaltsstoffe

Hauptverantwortlich für Aroma, Geschmack und die medizinischen Wirkungen der Gewürze sind die so genannten sekundären Pflanzeninhaltsstoffe. Sie verdanken ihren Namen nicht etwa dem Umstand, dass sie von sekundärer Bedeutung sind, sondern der Tatsache, dass sie keinen Nährwert besitzen und auch nicht zu den Mineralien, Vitaminen und Ballaststoffen gehören.

Hauptvertreter der sekundären Gewürzinhaltsstoffe sind Terpene und andere Bestandteile ätherischer Öle. Sie unterstützen in der Regel unsere Verdauung, viele von ihnen entkrampfen die Muskeln in Unterleib, Darm und Magen. Einige von ihnen besitzen jedoch auch antibiotische, Cholesterin senkende und entzündungshemmende Wirkungen. Shootingstar unter den Terpenen ist das Carvon des Kümmels, das in mehreren Labors seinen hemmenden Effekt auf Magen-, Brust- und Lungenkrebs eindrucksvoll unter Beweis stellen konnte.

Weitere sekundäre Inhaltsstoffe der Gewürze sind Flavonoide und Karotinoide. Auch sie wirken antibiotisch und entzündungshemmend. Karotinoide bilden darüber hinaus zum über-

wiegenden Teil die Vorstufe zu Vitamin A, außerdem hemmen sie die Entwicklung von Arteriosklerose und ihren Folgeerkrankungen wie Schlaganfall und Herzinfarkt.
Im Knoblauch befinden sich Sulfide mit antibiotischer und blutgerinnungshemmender Wirkung, in der Kresse sind es Senföle, die ihre antibiotische Wirkung vor allem in den Harnwegen entfalten. Die Ingwerwurzel schließlich beeindruckt durch den Wirkstoff Gingerol, der ähnliche Eigenschaften wie Aspirin besitzt.

Aromatherapie

Düfte und Aromen beeinflussen Sinne und Körper gleichermaßen.

Schon seit Urzeiten werden Duftstoffe, das heißt die ätherischen Öle der Pflanzen, zu Heilzwecken verwendet. Das ist durch zahlreiche historische Zeugnisse belegt. Jüngere Untersuchungen zeigen nun, dass diese Verwendung auch aus wissenschaftlicher Sicht durchaus sinnvoll ist. Demnach wirken Duftstoffe auf zweifache Weise:

- Zum einen dadurch, dass sie unseren ältesten Sinn – nämlich den Geruchssinn – ansprechen und damit eine Sinneswahrnehmung auslösen, die ganz tief in unser Unbewusstes und damit auch in unsere psycho-körperlichen Steuerungszentren vordringt. Man denke daran, wie Ekel erregende Gerüche uns den Atem rauben und den Magen umdrehen, während süßliche Gerüche in uns Gefühle von Wärme und angenehmem Prickeln erzeugen können.
- Zum anderen dadurch, dass die Moleküle der Duftstoffe über Nasen- und Bronchialschleimhaut aufgenommen werden und so über den Blutstrom zu unseren Organen gelangen. Diese Duftmoleküle haben darüber hinaus den Vorteil, dass sie sehr leicht die so genannte Blut-Hirn-Schranke überwinden und sich dadurch direkt an die Rezeptoren unseres Gehirns ankoppeln können. Von dort aus können sie eine ganze Reihe von erstaunlichen Reaktionen in Gang setzen. Was die Duftmoleküle allerdings an den Rezeptoren konkret bewirken und wie sie von dort aus unsere Psyche und unseren Körper beeinflussen, ist bislang noch nicht hinreichend geklärt und wird die Wissenschaftler wohl noch einige Jahre beschäftigen.

Der Geruchssinn ist unser ältester Sinn. Dies bedeutet, dass er vor allem für die unbewussten Steuerungsvorgänge in unserem Körper von Bedeutung ist. Hierin liegt die Chance der Gewürze.

Gewürze und Kräuter unterstützen das Verhältnis unserer inneren Kräfte zueinander.

Ayurvedische Heilslehre

Ein ganzheitliches Lehrsystem

Die Entwicklung der ayurvedischen Heilkunst liegt vermutlich über 5000 Jahre zurück. Der Legende nach sollen damals im Himalaja Menschen gelebt haben, denen Krankheiten vollkommen fremd waren.

Je mehr sie sich jedoch den Annehmlichkeiten von Zivilisation und Luxus zuwandten, desto mehr verloren sie ihre Gesundheit. Ein Phänomen, das nicht nur in damaligen Zeiten für die Gelehrten ein großes Rätsel darstellte, da ja eine zunehmende Zivilisierung normalerweise mit einer Qualitätsverbesserung von Hygiene und Ernährung und damit auch mit besseren gesundheitlichen Bedingungen verbunden ist.

Zur Lösung des Rätsels zogen sich daraufhin 50 weise Maharishis (Philosophen mit besonderer hellseherischer Begabung) in die Berge zur Meditation zurück. Sie erkannten, dass die Gesundheit eines Menschen nicht nur von hygienischen Verhältnissen abhängt, sondern auch von seiner Ernährung, seiner Gesamtkonstitution und seinen charakterlichen Besonderheiten. Weiterhin ist ein gesunder Mensch dadurch gekennzeichnet, dass sich bei ihm bestimmte Urkräfte im Gleichgewicht befinden, während sie beim Kranken – je nach der Beschaffenheit seiner Krankheitssymptome – aus der Balance geraten sind. Die Beschreibung dieser Urkräfte und ihr Wechselspiel untereinander bilden den Kern der Ayurvedalehre.

Die Ursprünge der Gewürzheilkunde liegen im über 5000 Jahre alten Heilsystem des Ayurveda. Seine ersten schriftlichen Überlieferungen stammen aus den Lehrbüchern der Sanskritmedizin. Indische Gelehrte versuchen, alte Ayurvedatexte aufzuspüren, um sie für jedermann zu erschließen.

Die drei Doshas

Zentrale Begriffe des Ayurveda sind die drei Doshas Vata, Pitta und Kapha. Es handelt sich dabei um feine Steuerungseinheiten, die den Menschen nicht nur prägen, sondern auch seine Funktionen kontrollieren. Es wäre allerdings falsch, sich die Doshas im Sinn von äußerlichen Kräften vorzustellen, die den Menschen anstoßen wie ein Boot im Wasser, das sich daraufhin in Bewegung setzt. Die ayurvedischen Ureinheiten halten uns nicht nur in Bewegung, sondern sie bilden gleichsam unsere geistige und körperliche Substanz. Sie prägen also unser gesamtes Dasein, neben unseren körperlichen und psychischen Aktionen also auch unsere Konstitution, unseren Charakter, unsere Leidensfähigkeit und vieles andere mehr.

Dosha Nr. 1: Vata – Ein Zuviel erzeugt Stresserkrankungen

Vata beinhaltet das gesamte Spektrum unserer Dynamik. Menschen mit stark ausgeprägtem Vataanteil sind lebhaft, begeisterungsfähig, gesprächig, spontan, flexibel und dennoch leicht zu ängstigen. Ihre Bewegungen sind rasch (beinahe hektisch), ihr Schlaf ist leicht und wird häufig unterbrochen, ihre Haut ist trocken, ihre Hände und Füße werden leicht kalt. Beim ausgeprägten Vatamenschen dominiert die Aktivität, während die Regenerierung zu kurz kommt – ein Phänomen, das sich körperlich in den Symptomen hoher Muskelspannung, Verstopfungen und Blähungen äußert.

Je gesünder der Mensch, umso mehr befinden sich seine drei Doshas im Gleichgewicht. Ein Übergewicht von einem oder zwei Doshas kann – je nach Grad der Dominanz – zu schweren Erkrankungen führen.

Auch der modernen psychosomatischen Medizin sind die beschriebenen Symptome nicht unbekannt, nämlich als Ausdruck für ein zu starkes Überwiegen des so genannten sympathischen Nervensystems, das in unserem Organismus vor allem Stressreaktionen steuert. Eine verstärkte Aktivität des Sympathikus ist nicht unproblematisch für die Gesundheit, in ihrer Folge kommt es häufig zu Schlaflosigkeit, nervösen Verspannungen und Kopfschmerzen sowie zu übermäßigem Schwitzen, Darmträgheit, Verstopfungen, Herzjagen und unkontrollierbaren Ängsten.

Längerfristig erhöht sich das Risiko von Bluthochdruck, Arteriosklerose, Herzinfarkt, chronischen Kopfschmerzen, Darmentzündungen, chronischen Ängsten, Raynaud-Syndrom und Abwehrschwäche. Eine Überaktivität des sympathischen Nervensystems gehört sicherlich zu den grassierenden psychosomatischen Störungen der Gegenwart, in der einige ihrer Symptome wie hektische Geschäftigkeit und Gesprächigkeit ja oft erwünscht sind, obwohl sich durch sie das Zusammenleben alles andere als einfach gestaltet.

Gründe genug also, den dominanten Vataanteil eines Menschen auf ein erträgliches Maß zurückzuschrauben. Die Ernährung samt ihrem Geschmack und ihren Gewürzen kann hier nach ayurvedischer Lehre eine entscheidende Rolle spielen.

Vatadämpfend wirken die Geschmacksnoten:

- süß
- sauer
- salzig

Zu den Gewürzen mit dämpfender Wirkung auf das Vataprinzip zählen:

- Ajowan
- Anis
- Basilikum
- Fenchel
- Ingwer
- Kardamom
- Knoblauch
- Kreuzkümmel
- Muskat
- Salbei
- Salz
- Süßholz
- Zimt

Die drei Doshas sind der modernen psychosomatischen Medizin bekannt. Starke Pittaanteile können auf eine neurotische Veranlagung deuten.

Dosha Nr. 2: Pitta – Ein Zuviel macht cholerisch

Pitta bezeichnet das Hitze- und Stoffwechselprinzip, ist aber auch verantwortlich für das Kontrollbedürfnis eines Menschen, sowohl auf der körperlichen als auch auf der psychischen Ebene. Menschen mit stark ausgeprägtem Pittaanteil sind stark verkopft, neigen also dazu, alle Angelegenheiten des Lebens wohl überlegt zu bewältigen, emotionale und spontane Entschlüsse sind ihnen eher unangenehm. Sie besitzen einen klaren Verstand, neigen jedoch zu Pedanterie und Perfektionismus, sie werden schnell ungeduldig und cholerisch; Schlampereien, Verzögerungen oder sonstige Fehler im Funktionsablauf lassen ihnen leicht die Zornesader schwellen.

Fenchel, Koriander, Oregano, Zimt und vor allem Safran wirken ausgleichend.

Körperlich sind ausgeprägte Pittatypen eher gesund, sie haben eine funktionierende Verdauung und regelmäßigen Stuhlgang. Ihr Haar ist allerdings dünn und spröde, fällt leicht aus und wird schnell grau. Auch ihre Haut welkt leichter als die von anderen Menschen, auf Hitze reagieren sie unruhig und mit starkem Schwitzen.

Auch der Pittatyp ist der modernen psychosomatischen Medizin nicht unbekannt. Sein übermäßiges Kontrollbedürfnis zählt zu den klassischen Zwangsneurosen, die vor allem ein Leben im zwischenmenschlichen Miteinander sehr schwierig machen können. Also auch hier Gründe genug, den überschüssigen Pittaanteil eines Menschen auf ein erträgliches Maß zurückzuschrauben.

Laut ayurvedischer Lehre wirken dämpfend die Geschmacksnoten:

- süß
- bitter
- herb

Zu den pittadämpfenden Gewürzen zählen:

- Fenchelsamen
- Kreuzkümmel
- Safran
- Koriander
- Oregano
- Zimt

Dosha Nr. 3: Kapha – Ein Zuviel macht träge

Kapha ist das Prinzip der Form, es steht für Stabilität und Struktur. Eine Überdominanz des Kaphaanteils ist in heutiger Zeit eher selten anzutreffen, da viele seiner charakterlichen Besonderheiten wie Sanftmut und Geduld wohl grundsätzlich positiv einzuschätzen sind, sich in der gegenwärtigen Gesellschaft aber eher ungünstig auswirken, um voranzukommen – hier werden vor allem hektisch-aktive Vatatypen gebraucht.

Zu den weiteren charakterlichen Eigenschaften von stark ausgeprägten Kaphatypen zählt ein starkes Bedürfnis nach Frieden und Harmonie – ein Bedürfnis, das man ihnen oftmals schon rein äußerlich ansieht, denn Kaphamenschen haben eine weiche und sanfte Haut, sie wirken insgesamt körperlich eher rund und ausgewogen, neigen dadurch aber auch zu Übergewicht. Kaphatypen sind selten krank, allerdings haben sie oft Probleme mit der starken Schleimbildung in ihren Atemwegen und ihrem starken Schlafbedürfnis.

Aus moderner psychosomatischer Sicht steht hinter Kaphatypen in der Regel eine Überbetonung des parasympathischen Nervensystems, das in unserem Körper vor allem für die Regenerierung und Verdauung zuständig ist. Bei den meisten Menschen findet sich allerdings eher eine Unterbetonung des Parasympathikus, der dann vom Stressnervenstrang Sympathikus überlagert wird. Nichtsdestoweniger kann es in Einzelfällen notwendig sein, den Parasympathikus durch bestimmte Geschmacksnoten oder Gewürze zu dämpfen.

Laut ayurvedischer Lehre wirken kaphaanregend die Geschmacksnoten:

- süß
- sauer
- salzig

Kaphadämpfend sind die Geschmacksnoten:

- scharf
- bitter
- herb

Unter den Gewürzen wirken kaphaanregend:

- Gewürznelke
- Liebstöckel
- Mohn
- Honig
- Lorbeer
- Süßholz

Kaphadämpfend sind:

- Kapern
- Rosmarin
- Sesam

Weitere Zentralbegriffe des Ayurveda sind Sattva, Raja und Tamas. Sattvareiche Nahrungsmittel verlängern das Leben und schaffen eine positive Geisteshaltung. Rajaspeisen erhitzen den Körper. Tamasreiche Speisen machen träge und dumpf. Zu ihnen zählen fettes Fleisch, Eier und fette Süßspeisen.

Übersichtstafel der Beschwerden und der zu ihnen passenden Heilgewürze	
Abmagerung	Galgant
Abwehrschwäche	Beifuß, Dillkraut, Kresse, Majoran, Schwarzkümmel
Allergien	Schwarzkümmel
Amöbenruhr	Knoblauch
Angina pectoris	Knoblauch, Pfeffer, Rosmarin
Arthritis	Schwarzkümmel
Appetitlosigkeit	Beifuß, Estragon, Ingwer, Knoblauch, Koriander, Kreuzkümmel, Majoran, Pfefferminze
Arteriosklerose	Gewürznelke, Ingwer, Knoblauch, Kresse, Petersilie
Asthma bronchiale	Ajowan, Gewürznelke, Knoblauch, Thymian
Blähungen	Ajowan, Anis, Basilikum, Fenchelsamen, Kardamom, Koriander, Kreuzkümmel, Majoran, Salbei
Blasenschwäche	Petersilie
Blasenentzündung	Kapern, Kresse, Petersilie, Senf
Blutarmut	Basilikum, Dillkraut, Estragon, Petersilie, Thymian
Bluthochdruck	Ingwer, Knoblauch, Petersilie
Bronchitis	Ajowan, Gewürznelke, Knoblauch, Kresse, Thymian
Darmentzündungen	Ajowan, Knoblauch, Salbei, Thymian
Darminfektionen	Basilikum, Gewürznelke, Kurkuma, Thymian, Zimt
Darmkoliken	Ajowan, Basilikum, Dillsamen, Galgant, Gewürznelke, Koriander, Kümmel, Majoran, Pfefferminze, Zimt
Dreimonatskolik (Babys)	Anis, Fenchelsamen, Kümmel
Durchblutungsstörungen	Knoblauch, Paprika
Durchfall	Ajowan, Anis, Fenchelsamen, Gewürznelke, Knoblauch, Majoran, Pfefferminze, Salbei, Zimt
Erschöpfung	Bockshornklee, Galgant, Rosmarin
Furunkel	Bockshornklee
Gallenblasenentzündung	Kurkuma, Rosmarin
Gicht	Dillkraut, Liebstöckel
Grippale Infekte	Knoblauch, Kresse, Oregano, Salbei
Halsentzündung	Kapern, Salbei, Thymian
Harnsteinleiden	Dillkraut, Estragon, Liebstöckel, Petersilie
Hautentzündungen	Dillkraut, Kurkuma, Senf
Heiserkeit	Bockshornklee, Zimt
Herzinfarkt	Knoblauch, Pfeffer, Rosmarin
Herz- und Kreislaufschwäche	Rosmarin, Senf, Zimt
Heuschnupfen	Basilikum, Gewürznelke
Hohe Cholesterinwerte	Beifuß, Ingwer, Kurkuma
Husten	Anis, Fenchelsamen, Gewürznelke, Kapern, Kresse, Kreuzkümmel, Oregano

Insektenstiche	Petersilie
Karies	Beifuß, Estragon, Liebstöckel, Majoran
Keuchhusten	Thymian, Oregano
Koliken	Knoblauch
Konzentrationsschwäche	Beifuß, Paprika, Pfefferminze, Safran, Senf
Kopfschmerzen	Gewürznelke, Koriander, Pfefferminze, Oregano
Krebs	Gewürznelke, Knoblauch, Kresse
Lichtempfindlichkeit	Safran
Magengeschwür	Gewürznelke
Magenkrämpfe	Anis, Fenchelsamen, Galgant, Paprika
Magenschleimhautentzündung	Gewürznelke, Ingwer, Koriander, Majoran, Salbei
Mangelnde Hautdurchblutung	Kreuzkümmel, Pfeffer
Menstruationsbeschwerden	Kreuzkümmel, Petersilie, Pfefferminze
Migräne	Gewürznelke, Paprika
Müdigkeit	Galgant, Ingwer, Rosmarin, Senf
Mundgeruch	Anis, Dillsamen, Kümmel
Niedriger Blutdruck	Rosmarin, Zimt
Nervosität	Dillsamen, Majoran
Osteoporose	Basilikum, Dillkraut, Estragon, Petersilie
Pilzinfektionen	Beifuß, Kurkuma
Rachenentzündungen	Bockshornklee, Gewürznelke, Kapern, Salbei, Zimt
Reisekrankheit	Ingwer
Reizhusten	Zimt
Reizmagen	Dillsamen, Koriander, Majoran, Pfefferminze
Rheumatische Erkrankungen	Gewürznelke, Muskatnuss, Rosmarin, Schwarzkümmel
Roemheld-Syndrom	Kardamom
Schnupfen	Ingwer, Kapern, Knoblauch, Kresse, Majoran, Petersilie, Salbei, Thymian
Sportverletzungen	Majoran, Muskatnuss, Rosmarin, Zimt
Tränende und brennende Augen	Basilikum
Übelkeit	Ingwer, Koriander
Übermäßiges Schwitzen	Salbei
Unterleibskrämpfe	Basilikum
Verdauungsträgheit	Estragon, Ingwer, Kapern, Kardamom, Kümmel, Pfeffer, Safran, Schwarzkümmel, Zimt
Völlegefühl	Beifuß, Kreuzkümmel, Kurkuma
Wadenkrämpfe	Basilikum, Estragon, Liebstöckel
Wassersucht	Liebstöckel, Petersilie
Zahnfleischentzündungen	Beifuß, Gewürznelke, Salbei, Oregano
Zahnschmerzen	Estragon, Gewürznelke

Gewürze aus eigenem Anbau sind die beste Voraussetzung für eine gute Gewürzküche.

Gewürzküche

Frische Würzkräuter richtig verwenden

Zu den Würzkräutern, die frisch verwendet werden, zählen Basilikum, Beifuß, Dill, Estragon, Fenchelblätter, Kresse, Korianderblätter, Liebstöckel, Petersilie, Pfefferminze, Salbei und Thymian. Sie werden meist im Bund gekauft und dann entweder ganz zu den Speisen gegeben (zum Beispiel bei Suppen und Eintöpfen) oder mit einem scharfen Küchenmesser mehr oder weniger fein gehackt. Im Handel gibt es zum Zerkleinern von Küchenkräutern spezielle Hackmesser mit kleiner Klinge und einem in der Mitte angebrachten Griff oder Wiegemesser, die mit zwei Griffen ausgerüstet sind.
Auch Knoblauch verwenden Sie am besten frisch. Die Zehen werden abgezogen und entweder in Scheiben geschnitten oder gehackt, oder der Saft wird mit einer Knoblauchpresse direkt in das Gericht hineingeträufelt.

Würzkräuter richtig trocknen

Wer Gewürzkräuter im Garten oder auf dem Balkon zieht, muss sie natürlich trocknen, wenn er auch in der kalten Jahreszeit mit ihnen würzen will. Dazu gibt es zwei Methoden:

- Die Kräuter werden gebündelt und auf Darren ausgebreitet oder kopfüber an einer Leine aufgehängt. Um ihre schnell flüchtigen ätherischen Öle zu bewahren, sollten sie beim Trocknen im Schatten hängen oder liegen.
- Die Kräuter werden auf ein Backblech gestreut und in den Backofen geschoben. Die beste Temperatur liegt bei 50 °C.

Getrocknete Gewürze richtig verwenden

Seien Sie beim Mahlen vorsichtig mit der Dosierung! Frisch gemahlene Gewürze müssen sofort aufgebraucht werden, da sie beim Lagern ihr Aroma schnell verlieren.

Zu den Gewürzen, die überwiegend im getrockneten Zustand gekauft und verwendet werden, gehören Ajowan, Anis, Bockshornklee, Fenchelsamen, Gewürznelken, Ingwer, Kardamom, Koriandersamen, Kreuzkümmel, Kümmel, Kurkuma, Muskat, Oregano, Pfeffer, Safran, Schwarzkümmel und Zimt. Ihr Aroma ist am intensivsten, wenn sie nicht als Pulver, sondern in ganzen Stücken gekauft werden. Ob sie dann allerdings zum Essen zerkleinert werden, hängt von der spezifischen Eigenart des Gewürzes und natürlich vom Charakter der jeweiligen Speise ab. Zimtstangen und Nelken können im Ganzen zu Punschgetränken und Suppen gegeben werden, wobei sie dann allerdings vor dem Servieren aus dem Gericht gefischt werden sollten. Kleinere Gewürzsamen wie Kümmel, Fenchel oder Pfeffer werden in Suppen oder Saucen mitgekocht und brauchen danach nicht entfernt zu werden. Grüne Pfefferkörner bleiben ebenfalls im Gericht.

Einige Gewürze entfalten erst dann ihr volles Aroma, wenn sie kurz vor dem eigentlichen Würzen zerkleinert werden. Mit wenigen Ausnahmen wie Ingwer, Macis (Muskatblüte), Kümmel, Kurkuma, Gewürznelken und Zimt lassen sie sich in der Mühle zu Pulver verarbeiten. Bei den Ausnahmen werden entweder die ganzen Bestandteile verwendet oder aber im Mörser mit einem Stössel zerstoßen und vermahlen.

Gewürze rösten

Einige Gewürze wie Bockshornklee, Curry, Koriandersamen, Kreuzkümmel und Schwarzkümmel intensivieren ihren Geschmack und ihr Aroma, wenn sie vor ihrem eigentlichen Würzen geröstet werden.

Grundsätzlich gilt es zwei Arten zu unterscheiden:

- Beim Trockenrösten wird eine schwere Bratpfanne zwei bis drei Minuten erhitzt. Danach geben Sie die ganzen Samen hinein (für pulverisierte Gewürze ist das Trockenrösten nicht geeignet!). Bei mittlerer Hitze rösten. In den ersten zwei Minuten verlieren die Gewürze ihre Feuchtigkeit, sie werden dann recht schnell braun. Von da an müssen Sie die Gewürze immer wieder wenden, damit sie nicht anbrennen! Rösten Sie weiter, bis der Pfanneninhalt eine dunkelbraune Farbe angenommen hat und einen betörenden Duft verströmt. Die Gewürze herausnehmen und zum Abkühlen beiseite stellen. Anschließend können sie dann vermahlen werden.
- Beim Rösten mit Fett werden die Gewürze im Butterreinfett Ghee oder ersatzweise in Pflanzenöl geröstet. Sie geben dabei ihr Aroma an das Fett ab, ehe die anderen Zutaten hinzugefügt werden. Gerade Fleisch- und Gemüsegerichte erhalten dadurch einen ungemein intensiven Geschmack! Etwas Ghee etwa zwei Minuten lang erhitzen, dann kommen die Gewürze – erst die ganzen und eine Minute später dann die gemahlenen – hinzu. Der Röstvorgang dauert nur zwei bis drei Minuten.

Vorsicht beim Rösten mit Fett! Einige Gewürzkörner springen regelrecht aus der Pfanne heraus, wenn sie im Fett erhitzt werden. Halten Sie also den Pfannendeckel bereit!

Heilende Gewürze von A bis Z

Ajowan

Die ursprüngliche Heimat des Ajowans ist Südindien. Dort wird er auch heute noch am häufigsten verzehrt, wobei er sowohl als Zutat zu Currymischungen als auch in der Pharmaindustrie verarbeitet wird. Hierzulande ist er eher unbekannt, was möglicherweise daran liegt, dass er geschmacklich und auch in seinen medizinischen Wirkungen an den – erheblich preiswerteren – Thymian erinnert. Hauptlieferanten von Ajowan sind neben Indien die Länder Ägypten, Iran, Afghanistan und Pakistan.

Anwendung in der Küche

Getrocknete Ajowansamen schmecken nach dem Zerstoßen sehr aromatisch, allein für sich genossen sogar scharf und bitter. Erst in gekochten oder gebackenen Speisen werden sie erträglich, sie erinnern dann aufgrund ihres hohen Thymolanteils stark an Thymian. Im Unterschied zu diesem ist Ajowan jedoch kooperativer mit dem Aroma anderer Gewürze, er unterstützt vor allem den Geschmack von Ingwer.

Botanisch ist Ajowan mit dem Kümmel verwandt, geschmacklich ähnelt er dem Thymian, dem er allerdings an Geschmacksintensität überlegen ist.

Ajowan ist bei uns recht wenig bekannt, in Indien wird er gerne den Currymischungen beigemengt. Dort schätzt man neben seinen gesundheitlichen Vorzügen vor allem, dass er die Speisen luftiger macht und für angenehme Gefühle im Brust- und Magenraum sorgt.

Kaufen Sie nur ganze Ajowansamen, die dann erst kurz vor dem Gebrauch im Mörser zerstoßen werden. Andernfalls geht dem Gewürz rasch das Aroma verloren! Man erhält die Ajowansamen im indischen oder pakistanischen Lebensmittelfachgeschäft oder in gut sortierten Gewürzhandlungen.

Ajowan passt vor allem zu Speisen mit hohem Stärkegehalt, also zu Kartoffeln, Gebäck und Brot, sowie zu Hülsenfrüchten und Wurzelgemüse, deren Verdaulichkeit durch Ajowan erheblich verbessert wird. Ajowangebäck schmeckt ausgezeichnet zu grünem oder schwarzem Tee. In Vorderasien wird das Gewürz gern bei Fischgerichten verwendet.

Die Wirkstoffe

Hauptwirkstoff des Ajowans ist das Thymol. Dieses ätherische Öl wirkt in hohem Maß antibiotisch und entkrampfend auf die glatten Muskeln der Atem- und Verdauungswege. Einer der großen Vorteile des Thymols ist, dass es über die Verdauung schnell in den Blutkreislauf gelangt, um von dort über die Lungenbläschen abgeatmet zu werden und dadurch rasch in die Bronchien zu gelangen.

Zu den weiteren Wirkstoffen des Ajowans zählen die Gerbstoffe. Sie verändern Eiweißstrukturen und entziehen dadurch schädlichen Bakterien die Überlebensgrundlage. In Zusammenarbeit mit den antibiotischen Ajowanölen bilden sie ein wirksames Heilmittel bei Darminfektionen.

Ajowan ist in Indien sehr verbreitet, er wird dort gern zum Würzen von Brot (z. B. Paratha) verwendet. Zusammen mit Ingwer wird er dort außerdem häufig in Currymischungen verarbeitet.

Die medizinischen Wirkungen

Ajowan unterstützt die Therapie und hilft vorbeugend bei

- Asthma bronchiale
- Blähungen
- Bronchitis
- Darmentzündungen
- Darmkoliken
- Durchfall

Ajowan und Ayurveda

In der Heilkunde Indiens ist Ajowan schon sehr lange bekannt. Einige Schriften verweisen darauf, dass ayurvedische Ärzte ihn schon weit vor unserer Zeitrechnung einsetzten. Ajowan verbessert die Verdauung und fördert dadurch den Abtransport von »Ama« – jenen Substanzen, denen nach ayurvedischer Lehre eine Hauptfunktion bei der Entstehung von Krankheiten zukommt. Darüber hinaus dämpft Ajowan das Vataprinzip, so dass wir weniger hektisch, insgesamt ruhiger und ausgeglichener werden und besser verdauen.

Ajowanhaltige Speisen lassen sich daher – sofern sie fettarm und leicht gehalten werden – gut für ein bekömmliches Abendessen einsetzen.

Außerdem wirkt das Gewürz auf unsere Kommunikation. Durch seine ausgeprägte Dämpfung der Vatakräfte wird unser Wortfluss merklich beruhigt, Sprechen und Denken werden besser synchronisiert.

Anis-Ajowan-Aufguss

Bei akuten Verdauungsproblemen

1 TL Anissamen · 1 TL Ajowansamen · 150 - 200 ml Wasser

1 Anis- und Ajowansamen in eine Tasse geben und mit kurz aufgekochtem Wasser übergießen. Ziehen lassen. Nach 5 Minuten durch ein Sieb gießen.
2 Trinken Sie davon in kleinen Schlucken bei akuten Verdauungsstörungen wie Blähungen oder Darmkrämpfen.
3 Alternativ zu Anis können Sie auch die gleiche Menge Kümmelsamen nehmen. Es gibt Menschen, die auf das (allerdings recht streng schmeckende) Gemisch Ajowan-Kümmel besser reagieren als auf Ajowan-Anis.

Ajowan-Johanniskraut-Aufguss

Ajowan und Johanniskraut wirken angsthemmend und entspannend, ohne dabei zu ermüden. Sie sind ein wirkungsvolles Paar gegen Ängste in der zwischenmenschlichen Kommunikation. Die Wirkung tritt jedoch, bei regelmäßiger Anwendung, erst nach einigen Wochen ein!

Zur Stärkung der geistigen Aufnahmekraft und der Beredsamkeit, gegen Schüchternheit

1 TL Johanniskraut · 1 TL Ajowansamen · 150-200 ml Wasser

1 Ajowansamen und Johanniskraut in eine Tasse geben und mit kurz aufgekochtem Wasser überbrühen. Ziehen lassen. Nach 8 Minuten durch ein Sieb gießen.
2 Trinken Sie davon täglich morgens und mittags 1 Tasse in kleinen Schlucken, wenn Sie in den nächsten Wochen vor einem wichtigen Gespräch stehen, bei dem es auf Ihre Artikulierfähigkeit ankommt.

Ajowanzwieback

Zur Begleitung von schwierigen Gesprächen
Für etwa 50 Stücke

250 g Weizenvollkornmehl · 150 g Honig · 3 ganze Eier
6 Eidotter · 3 TL gemahlener Ajowan · ungespritzte Apfelsinenschalen · etwas Butter zum Einfetten

1 Das Backblech einfetten und mit dem Mehl bestäuben. Dann Eier, Dotter und Honig schaumig rühren, das Weizenvollkornmehl mit dem gemahlenen Ajowan dazumischen und etwa 1/2 cm dick ausrollen.
2 Mit Backformen die Stücke ausstechen und auf das Backblech heben. Mit etwas Wasser bestreichen und bei 190 °C (Umluft 160 °C, Gas Stufe 3) im Backofen hellbraun backen.

Das besondere Rezept

Thunfisch mit Ajowan

Für 4 Portionen

4 Scheiben Thunfisch (je 200–250 g)	*2 EL Olivenöl*
Salz	*Pfeffer*
Mehl	*3 TL gemahlener Ajowan*

1 Die Thunfischscheiben waschen, mit Küchenpapier trockentupfen und salzen. Leicht im Mehl wenden.

2 Das Olivenöl erhitzen und die Thunfischscheiben darin von beiden Seiten anbraten. Mit Pfeffer und Ajowan bestreuen und unter stetem Wenden braten, bis sie eine schöne goldbraune Farbe haben.

Ajowan gehört zu den Gewürzen, die schon lang vor unserer Zeitrechnung in den indischen Lehrbüchern der Sanskritmedizin genannt wurden.

Tip Als Beilage zu den Thunfischsteaks empfiehlt sich Reis, der mit etwas Curry gewürzt sein kann. Eine raffinierte Alternative: Vermischen Sie Pfeffer und Ajowan mit Orangensaft und verstreichen Sie dies als Marinade auf dem Thunfisch.

Anis

Die ersten Schriften über den Gebrauch von Anissamen sind über 4000 Jahre alt und stammen aus Ägypten. Von dort kam er nach Indien, um dann wieder durch Alexander den Großen zum Mittelmeer zurückzukehren.

Die Griechen und Römer der Antike schätzten Anis als Mittel zur Erfrischung des Atems, zur Anregung des Appetits und zur Förderung der Verdauung. In Indien kaut man noch heute ganze Anissamen, um sich geistig und körperlich frisch zu halten.

Anwendung in der Küche

Anis ist in vielerlei Hinsicht dem Fenchel ähnlich. Er eignet sich jedoch weniger für Fleisch und Fisch, dafür aber mehr für Obst und Backwaren. Im Unterschied zu Kümmel und Fenchel schmecken Anissamen nicht nur sehr aromatisch, sondern auch ausgeprägt süß.

Anis kann bei vielen Back- und Süßspeisen eingesetzt werden. Er gehört in Pfeffernüsse, Printen und Honigkuchen ebenso wie in süßliche Reisgerichte. Anissamen passen auch gut zu Salaten mit Rote Bete und Rotkohl sowie zu Zwetschgen- und Pflaumenmus.

Auch bei der Herstellung von alkoholischen Getränken und Mundpflegemitteln wird Anis verwendet. Kaufen Sie nur ganze Anissamen, die Sie vor dem Gebrauch zermahlen! Bereits fertig gemahlene Samen verlieren rasch an Aroma. Im Handel erhält man deutschen und asiatischen Anis, der letztere ist etwas strenger im Geschmack.

Ähnlich wie Fenchel wird Anis in der Volksmedizin gerne eingesetzt, um die Milchbildung stillender Frauen zu fördern. Wissenschaftler konnten dafür allerdings bislang keine Beweise erbringen.

Die Wirkstoffe

Hauptbestandteile der Anissamen sind fette und ätherische Öle, unter denen vor allem das Anethol dominiert. Ferner konnten Wissenschaftler im Annissamen Estragol und Methoxyphenylaceton nachweisen.

Die ätherischen Öle werden teilweise durch die Lungen ausgeschieden und fördern dadurch die Tätigkeit des Flimmerepithels, also jenen feinen Härchen, die das Atemwegsystem von Schmutz und Parasiten befreien. Darüber hinaus tragen die ätherischen Öle zur Verflüssigung der Bronchialsekrete bei, wodurch das Abhusten erleichtert wird.

Ein weiteres Haupteinsatzgebiet der Anisöle liegt im Darmbereich, wo sie krampflindernd und leicht entzündungshemmend wirken. In der Volksmedizin wird Anis verordnet, um die Milchbildung stillender Mütter zu fördern. Allerdings ist dies wissenschaftlich noch nicht nachgewiesen.
Insgesamt kommt Anis in seinen Wirkungen den Fenchelsamen sehr nahe. Ihr wesentlicher Unterschied besteht allerdings darin, dass die Wirkungen von Anis schneller einsetzen, dafür aber auch schneller wieder verschwinden. Allein deshalb werden die beiden in der Naturheilkunde gern miteinander kombiniert, um die schnell einsetzende Wirkung der einen durch die länger anhaltende Wirkung der anderen Heilpflanze zu ergänzen.
Anis ist Bestandteil zahlreicher Naturheilmittel und wird gern in Kombinationspräparate eingearbeitet.

Träume mit stets wiederkehrenden Handlungsabläufen zeigen an, dass sich unsere Psyche vergeblich mit einem Inhalt aus unserer Vergangenheit herumplagt. Anis kann helfen, diese unbewältigten Restposten unserer Erinnerung erfolgreich aufzubereiten.

Die medizinischen Wirkungen

Anis unterstützt die Therapie und hilft vorbeugend bei

- Blähungen
- Dreimonatskoliken bei Babys
- Durchfall
- Husten
- Magenkrämpfen
- Mundgeruch

Anis und Ayurveda

Ähnlich wie Kümmel und Fenchel stärkt Anis unsere individuelle Verdauungskraft Agni im körperlichen wie im geistigen Bereich. Auf diese Weise hilft er, uns von körperlichen und geistigen Schlacken aller Art zu befreien. Wer unter Alpträumen mit ständig wiederkehrenden Inhalten wie Stürzen ins Bodenlose oder Verfolgungsjagden leidet, sollte es abends mit Anistee oder anderen Anisgerichten versuchen. Durch seinen ausgeprägt süßen Geschmack reduziert Anis Vata und Pitta, andererseits aktiviert er Kapha. Dadurch wirkt er beruhigend und aggressionshemmend. Anisreiche Speisen sind heilsam bei Gesprächen, die reichlich Konfliktstoff enthalten.

Anis-Kümmel-Fenchel-Tee

Gegen Blähungen und Dreimonatskoliken der Babys

Rezept siehe Fenchel, Seite 54.

Anis-Süßholz-Isländisch-Moos-Eibisch-Huflattich-Tee

Gegen Husten

10 g Anissamen · 10 g Süßholz · 20 g Isländisch Moos
30 g Eibischwurzel · 30 g Huflattichblätter

Alternativ zu den Huflattichblättern im Hustentee können auch Malvenblätter (Hibiskus) verwendet werden.

1 Alle Kräuter miteinander vermischen. 1 Teelöffel von der Mischung mit heißem Wasser übergießen.
2 Etwa 10 Minuten zugedeckt ziehen lassen, durch ein Sieb gießen. Trinken Sie drei bis vier Tassen pro Tag.

Anis-Sultaninen-Pflaumen-Tee

Bei Kinderhusten

30 g getrocknete Pflaumen · 30 g Sultaninen · 30 g Anissamen · 150 ml Wasser

1 Die Pflaumen verkleinern und alle Zutaten mischen. 1 Teelöffel der Mischung mit kochendem Wasser übergießen.
2 Etwa 10 Minuten zugedeckt ziehen lassen und durch ein Sieb gießen. Geben Sie dem Kind drei Tassen pro Tag.

Anismürbekuchen

Zur Entspannung für gesellige Nachmittagsstunden
Für 10 Stücke

250 g Butter · 80 g gekörnter Zucker (Hagelzucker)
50 g Puderzucker · 500 g Mehl · 2 TL gemahlener Anis
Salz · Mandelsplitter nach Bedarf

1 Den Backofen auf 180 °C vorheizen. Die Butter in einer Schüssel schaumig rühren, dann den Hagel- und Puderzucker dazu geben und luftig schlagen.
2 Das Mehl mit Anis und etwas Salz mischen. Dann in die Buttermasse einarbeiten, bis ein glatter Teig entsteht.
3 Den Teig in 10 Stücke teilen, mit Mandelsplittern bestreuen. Alle Teile auf ein Backblech legen und im Ofen 15 Minuten (Umluft 160 °C, Gas Stufe 2–3) backen, dann das Blech aus dem Ofen ziehen und die Kuchen abkühlen lassen.

Das besondere Rezept

Anis-Tee-Bowle

Für 12 Portionen

5 TL schwarzer Tee (z. B. Darjeeling)	*200 ml Anislikör*
1 Salatgurke	*2 unbehandelte Zitronen*
	1 Flasche Sekt

1 Den Tee mit 1 Liter kochendem Wasser aufgießen, 5 Minuten ziehen lassen, dann abgießen.

2 Die Gurke waschen und teilweise schälen, so dass sich geschälte und ungeschälte Streifen abwechseln. Dann in dünne Scheiben schneiden und den Anislikör darüber gießen. Etwa 1 Stunde lang ziehen lassen.

3 Die Zitronen waschen und schälen. Die Schalenstücke aufbewahren, die Zitronen auspressen. Dann Schalen und Saft zu den Gurken geben. Mit Tee und Sekt auffüllen.

Für die Anis-Tee-Bowle können Sie anstelle von Sekt auch prickelndes Mineralwasser verwenden. In diesem Fall ist der Alkoholgehalt wesentlich niedriger.

Tip Servieren Sie die Anis-Tee-Bowle möglichst eisgekühlt. So schmeckt sie am besten.

Basilikum

Das Basilikum verdankt seinen Namen dem griechischen Basileus = König, es ist also das »Kraut der Könige«. Seine Heimat ist vermutlich Indien, daher spielt es in der Ayurvedalehre eine nicht unerhebliche Rolle. Erst im 12. Jahrhundert brachten es Mönche über die Alpen. In Deutschland werden mittlerweile vier Sorten Basilikum gezüchtet, die sich wohl in ihrer Blattgröße, weniger aber in Wirkstoffen und Geschmack unterscheiden. Basilikum kann auf der Terrasse oder auf dem Balkon, ja sogar im Blumentopf auf der Fensterbank problemlos in Eigenanbau gezogen werden.

Anwendung in der Küche

Wenn man Basilikum zwischen den Fingern zerreibt, entfaltet es zunächst ein Melissenaroma, später riecht es eher nach Gewürznelken. Sein Geschmack ist pfeffrig-kühl, leicht scharf und säuerlich. Verantwortlich für diese weite Aroma- und Geschmackspalette sind die ätherischen Öle, die das Basilikum beinahe zu einem Allzweckgewürz in der Küche machen.

Kaum ein Gericht, für das Basilikum nicht geeignet wäre, auf seiner Liste stehen Fisch, Geflügel, Fleisch, Kräuterbutter, Joghurt, Quark, Rohkost, Gemüse und Sauerkonserven. Es wird gerne mit anderen Gewürzen kombiniert, wobei es durchaus die Rolle eines »Scharfmachers« übernehmen und dadurch so manche Pfeffermenge überflüssig machen kann.

Basilikum schmeckt am besten frisch, die getrocknete Ware besitzt in der Regel nur noch wenig Würzkraft.

Basilikum kann für viele Gerichte verwendet werden. Dennoch wird es in unseren Breitengraden relativ wenig zu Speisen dazu gegeben. Die fleißigsten Basilikumköche leben in Italien und Griechenland.

Die Wirkstoffe

Basilikum enthält ätherisches Öl mit Estragol und Linalool als Hauptwirkstoffe, dazu große Mengen an Gerbstoffen, Eisen, Kalzium, Kalium, Magnesium und Karotinoiden.

Die ätherischen Öle des Basilikums wirken in hohem Maß antibiotisch. Darüber hinaus helfen sie bei Verkrampfungen im Unterleib infolge von Menstruationsbeschwerden oder Verdau-

ungsproblemen. Mit 7,3 Milligramm auf 100 Gramm gehört Basilikum zu den besten Eisenlieferanten. Es eignet sich deswegen zur Vorbeugung und Behandlung von Blutarmut.
Der hohe Kalziumanteil spielt eine wichtige Rolle in der Diät von Osteoporosekranken, auch Kinder mit starken Schüben im Knochenwachstum sollten Basilikum am besten täglich essen. Magnesium macht es zu einem wichtigen Heil- und Vorbeugungsmittel gegen Muskelkrämpfe und Heuschnupfen, soweit man das Kraut regelmäßig verzehrt.
Der hohe Anteil an Karotinoiden macht Basilikum schließlich zu einem wichtigen Vitamin-A-Versorger. Karotinoide zählen außerdem zu den so genannten Radikalenfängern, die das Risiko von Krebserkrankungen verringern.

Sowohl die Ayurvedalehre als auch die moderne Ernährungsmedizin schätzen Basilikum als wichtiges Heil- und Vorbeugungsmittel bei Heuschnupfen, denn es enthält schleimlösende ätherische Öle und Magnesium, das die Abwehrkräfte stabilisiert.

Die medizinischen Wirkungen

Basilikum unterstützt die Therapie und hilft vorbeugend bei

- Blähungen
- Blutarmut
- Darminfektionen
- Darmkoliken
- Heuschnupfen
- Osteoporose
- tränenden und brennenden Augen
- Unterleibskrämpfen
- Wadenkrämpfen

Basilikum und Ayurveda

Als ursprünglich indisches Gewürz spielt das Basilikum in der Ayurvedalehre eine große Rolle. Aufgrund seines pfeffrig-kühlen Geschmacks wird es als sattvisches Nahrungsmittel eingestuft. Es unterstützt also die positiven, aufbauenden Kräfte des Menschen: Basilikum macht uns generös, geduldig, verständnisvoll und ausgeglichen. Basilikum dämpft die eher zur Hektik neigenden Vatakräfte und baut Pitta auf. Überschüssige Energien werden aufgelöst, der Verstand und das logische Denken werden geschärft. Basilikum ist gerade für Menschen mit Neigung zu unbedachten und übereilten Entschlüssen ein gutes Mittel. Basilikum treibt das Kapha aus unseren Lungen und befreit damit die Atemwege von Schleim.

Mozzarella

Mit Basilikum für das Knochenwachstum
Für 2 Portionen

Mozzarella mit Basilikum gehört zu den traditionellen Nationalspeisen Italiens. Beide, Käse und Würzkraut, brillieren zusätzlich durch einen hohen Kalziumanteil.

2 große Fleischtomaten · 200 g Mozzarella di Bufalo (50% Fett i. Tr.) · Basilikumblätter nach Bedarf
2 EL Olivenöl · Salz · weißer Pfeffer

1 Die Tomaten waschen, trocknen und in Scheiben schneiden, den Mozzarella ebenso. Das Basilikum grob hacken, besser zerzupfen oder die Blätter ganz lassen.
2 Die Tomaten- und Käsescheiben schuppenartig auf einem großen Teller anrichten, mit Basilikum bestreuen, mit Öl beträufeln und mit Salz und Pfeffer nach eigenem Belieben würzen.

Sommernachtssuppe

Schonkost für den Magen
Für 4 Portionen

1 l Fleischbrühe · 1 EL gehackter Dill · 2 EL gehackte Basilikumblätter · 3 Möhren · 2 Lauchstangen
3 Kartoffeln · 400 g tiefgekühlte Bohnen · Salz · Pfeffer

1 Die Fleischbrühe in einem großen Topf zum Kochen bringen.
2 Die Möhren schälen und in Streifen schneiden, das Grüne von den Lauchstangen entfernen, die weißen Teile sorgfältig waschen und in Ringe schneiden, Kartoffeln schälen und in Scheiben schneiden. Dann alles zusammen mit den unaufgetauten Bohnen in die Suppe geben.
3 Bei mittlerer Hitze etwa 15 Minuten garen. Mit Salz und Pfeffer würzen.

Ziegenkäse Provence

Für den gesunden Brotbelag
Für 2 Portionen

100 g Quark (20 oder 30% Fett i. Tr.) · 100 g Ziegenfrischkäse
1 Knoblauchzehe · 1 TL gehackte Basilikumblätter
1 Messerspitze Oregano · Salz · Pfeffer

1 Quark und Ziegenkäse zu einer glatten Creme verrühren.
2 Den Knoblauch abziehen und über der Quarkmischung auspressen. Oregano und Basilikum hinzufügen, mit Salz und Pfeffer abschmecken.

Das besondere Rezept

Basilikumfladen

Für 2–4 Portionen

300 g Weizenvollkornmehl
Salz
300 ml Wasser
1 TL Liebstöckel
2 EL zerkleinerte Basilikumblätter
6 EL Ghee (Butterreinfett)

1 Aus Mehl, Salz, Wasser und den Gewürzen einen glatten Teig kneten und zu mandarinengroßen Kugeln formen. Die Kugeln sorgfältig zu Fladen ausrollen.

2 Etwas Ghee in der Pfanne erhitzen, die Fladen beidseitig mit Ghee bestreichen. Dann braten, bis sie eine goldbraune Farbe haben. Falls die Fladen dabei zu viel Fett aufnehmen, noch etwas Ghee nachgeben.

Sie können die Basilikumfladen auch mit Butter zubereiten. Die Fladen verlieren dadurch etwas von ihrem leichten Charakter, doch kommen die ätherischen Öle des Basilikums mit Butter besser zur Wirkung.

Beifuß

Beifuß stammt aus den Steppen Russlands. Er ist eine vom Mittelmeer über Skandinavien und Alaska bis Mexiko verbreitete Staude. Bereits im Altertum und im frühen Mittelalter war er eine sehr geschätzte Würzpflanze. Noch im 18. Jahrhundert war Beifuß so verbreitet wie heute Petersilie. Früher wurde kaum eine Gans oder Ente gebraten, ohne dass etwas Beifuß zu ihrer Würze verwendet worden wäre. Auch andere Fleischgerichte wurden häufig mit dem bitteren Kraut zubereitet, weil sie mit Beifuß frischer schmeckten und bekömmlicher wurden. Heute ist er in den Küchen leider etwas in Vergessenheit geraten – zu Unrecht, denn kaum ein anderes Gewürz entfaltet bei derart niedrigen Dosierungen einen so intensiven Geschmack wie Beifuß.

Anwendung in der Küche

Schon der Volksname des Beifußes – Gänsekraut – zeigt, dass er früher in großem Umfang zum Würzen von Gänsen verwendet wurde. Er kann aber auch anderen Fleischgerichten mit hohem Fettgehalt wie etwa Schweinebraten, Schweineschnitzeln und Rindersteaks beigefügt werden; für Schlachtplatten ist er allerdings weniger geeignet. Eine Delikatesse ist Schmalzbrot mit Beifuß sowie Gemüse, das mit reichlich Schmalz und Beifuß zubereitet wird. Ausgezeichnet schmeckt Beifuß zu Aal, der durch das bittere Kraut nicht nur an Geschmack gewinnt, sondern auch leichter verdaulich wird. Wichtig ist in jedem Fall, den Beifuß aufgrund seiner Bitterstoffe besonders sparsam zu dosieren.

Beifuß gehört zu den wenigen Gewürzen, die getrocknet ebenso gut schmecken wie frisch. Die getrocknete Ware enthält allerdings weniger Vitamine und ätherische Öle.

Mahlzeiten mit hohem Anteil an tierischen Fetten sollten aus gesundheitlichen Gründen nur sehr selten verzehrt werden, doch wenn sie einmal auf den Tisch kommen, würzt man sie am besten mit Beifuß, um die Fettverdauung zu mobilisieren.

Die Wirkstoffe

Beifuß verfügt über eine dichte Palette von Flavonoiden, Gerb- und Bitterstoffen sowie von ätherischen Ölen und Vitaminen. Über seine Gerbstoffe entfaltet er eine positive Wirkung auf den Darm, seine Bitterstoffe regen den Appetit sowie Speichel-, Magensaft- und Gallenfluss an. Nicht umsonst wurde Beifuß früher fetten Fleischspeisen zugesetzt, um sie verdaulicher zu machen.

Seine ätherischen Öle wirken zusammen mit den Flavonoiden antibiotisch, außerdem vermag Beifuß das Wachstum von Pilzen zu hemmen.

100 Gramm Beifuß enthalten 50 Mikrogramm Fluor. Damit gehört die Pflanze zu den wichtigen Lieferanten des Zahnschmelz härtenden Minerals. Beachtlich ist schließlich mit 4000 Mikrogramm auf 100 Gramm der hohe Gehalt an Karotinoiden. Diese Stoffe hemmen das Wachstum von einigen Mikroorganismen, außerdem stärken sie das Immunsystem. Die meisten der Beifußkarotinoide dienen überdies als Vorstufe zu Vitamin A, das für die Sehkraft und die Gesundheit der Schleimhäute von entscheidender Bedeutung ist. Schließlich enthält Beifuß hohe Konzentrationen an Folsäure, die für den Stoffwechsel im Gehirn benötigt wird.

Wer Beifuß selbst anbaut, sollte wissen, dass nur die Zweigspitzen zum Gewürz taugen. Die beste Erntezeit ist kurz vor der Blüte bei zunehmendem Mond.
Getrockneter Beifuß in Leinensäckchen hilft gegen Motten im Kleiderschrank!

Die medizinischen Wirkungen

Beifuß unterstützt die Therapie und hilft vorbeugend bei

- Abwehrschwäche
- Appetitlosigkeit
- hohen Cholesterinwerten
- Karies
- Konzentrationsschwäche
- Pilzinfektionen
- Völlegefühl
- Zahnfleischentzündungen

Beifußbäder helfen bei Fußpilz. Hierzu können Sie Zweigspitzen, Blätter und Stängel der Pflanze verwenden. Nehmen Sie dann eine Tasse des Krauts auf 1 Liter heißes Wasser!

Beifuß und Ayurveda

Beifuß wirkt in starkem Maß sattvisch, er macht uns also wach und unterstützt die geistigen Energien in uns. Voraussetzung ist allerdings, dass er in sehr kleinen Portionen dosiert wird. Durch seinen betont bitteren Geschmack dämpft er Kapha, er hilft also Menschen mit starker Schleimbildung in den Atemwegen und der Neigung zu Bequemlichkeit und Gewichtszunahme.

Beifußtee

Gegen Verdauungsstörungen und Appetitlosigkeit

1 TL getrockneter Beifuß · 200 ml Wasser

1 Den Beifuß mit kochendem Wasser überbrühen, 10 Minuten zugedeckt ziehen lassen.
2 Durch ein Sieb gießen. Jeweils eine Tasse vor oder zu den Mahlzeiten trinken.

Steckrübengemüse

Mit Beifuß zur besseren Verdauung
Für 4 Portionen

1 Zwiebel · 500 g Steckrüben · 30 g Butter · 1 l Fleischbrühe
1 TL feingehackter Beifuß · Salz · Pfeffer · 1 Bund Schnittlauch

Steckrüben haben im Herbst Hochsaison. Klopfen Sie beim Kauf auf die Rüben, sie dürfen nicht hohl klingen!

1 Die Zwiebel abziehen und würfeln. Die Steckrüben schälen, putzen und ebenfalls würfeln.
2 Die Butter im Topf erhitzen und die Zwiebel darin bei schwacher Hitze glasig werden lassen.
3 Die Steckrüben beifügen und 3 Minuten mitdünsten.
4 Fleischbrühe und Beifuß hinzugeben, 15 Minuten köcheln lassen. Salzen und pfeffern, die Flüssigkeit abgießen. Den Schnittlauch fein hacken und über das Gemüse streuen.

Zwiebelsuppe

Mit Beifuß, um den Magen nicht zu belasten
Für 2 Portionen

300 g Zwiebeln · 1 EL Pflanzenöl · 600 ml Fleischbrühe
1 Messerspitze zerstoßener Koriander · 200 g fest kochende Kartoffeln · 2 TL Essig · Salz · weißer Pfeffer · 30 g durchwachsener Räucherspeck · 1 TL Butter · 1 Prise Beifuß

1 Die Zwiebeln abziehen, halbieren und in Scheiben schneiden. Im Öl bei mittlerer Hitze hellbraun andünsten.
2 Die Brühe hinzugießen und den Koriander beifügen. Die Zwiebeln bei schwacher Hitze 10 Minuten kochen lassen.
3 Die Kartoffeln schälen, waschen und klein gewürfelt in die Zwiebelsuppe geben, alles zusammen 20 Minuten garen. Dann mit Essig, Salz und Pfeffer abschmecken.
4 Den Speck würfeln, in der Butter knusprig braten, den Beifuß hinzugeben. Den gewürzten Speck über die Suppe streuen.

Das besondere Rezept

Aal grün

Für 4 Portionen

1 kg frischer Aal (küchenfertig)
etwas Essigwasser
1 Zwiebel
120 ml Wasser
1 Glas trockener Weißwein
50 g Butter
1 EL gehackte Petersilie
1 EL gehackter Dill
1 TL Beifuß
2 Eigelb
1 Prise Mehl
Zitronensaft
Salz, Pfeffer

»Aal grün« ist ein Fischgericht mit hohem Fett- und Cholesteringehalt. Durch Beifuß wird er bekömmlicher, dennoch ist er für Menschen mit hohen Blutfettwerten, Bluthochdruck, Gicht und Arteriosklerose nicht geeignet.

1 Die Aale gleich beim Einkauf abziehen und in etwa 5 cm lange Stücke schneiden lassen. Mit Essigwasser waschen und abtropfen lassen, schließlich salzen und pfeffern.

2 Die Zwiebel abziehen und halbieren, zusammen mit Wasser und Wein aufkochen. Die Aalstücke hinzugeben und 15 Minuten bei kleiner Hitze kochen lassen.

3 Die Butter mit Petersilie, Dill und Beifuß in einem Mixer zu einer Kräutercreme vermischen.

4 Die Aalstücke aus dem Sud nehmen und warm stellen, die Zwiebelhälften entfernen. Den verbleibenden Sud mit der Kräuterbutter verrühren. Kurz aufkochen lassen und beiseite stellen. Das Eigelb mit einer Prise Mehl hineinrühren, mit Zitronensaft abschmecken.

5 Die grüne Sauce über die Aalstücke gießen. Als Beilage können Sie Kartoffeln reichen.

Bockshornklee

Der Bockshornklee stammt aus Vorderasien, ist aber hier zu Lande auch unter dem Namen »Griechisch Heu« bekannt. Das Kraut wird gern als Viehfutter genutzt, nur seine gerösteten Samen taugen zum Gewürz. Sie kamen im vorchristlichen China auch schon als Heilmittel zum Einsatz, im Ägypten unter Kleopatra galten sie als wirksames Kosmetikum für die Haut, in Indien werden sie bis heute den Currymischungen zugesetzt, in der Pharmaindustrie wird ihr Wirkstoff Diosgenin für Präparate zur Empfängnisverhütung verwendet. Ein vielseitiges Kraut also, dessen Anbau im eigenen Garten sich auch deshalb lohnt, weil es dem Boden Stickstoff zurückgibt.

Die ayurvedische Verwendung von Bockshornklee bei körperlicher und geistiger Erschöpfung ist auch wissenschaftlich durch den hohen Cholin- und Eiweißanteil der Samen belegt.

Anwendung in der Küche

Der starke aromatische Geruch der gelbbraunen Bockshornkleesamen erinnert an Sellerie, ihr Geschmack im rohen Zustand ist jedoch unerträglich. Sie müssen vor dem Verzehr geröstet und anschließend sofort gemahlen werden, um chemische Veränderungen in Gang zu setzen, die den typisch bitterscharfen Gewürzgeschmack ergeben. Kaufen Sie jedoch keinen gemahlenen Bockshornklee, denn er schmeckt aufgrund der längeren Lagerung meistens zu bitter und zu scharf. Besorgen Sie sich die ganzen Samen, die Sie in der Pfanne rösten und im Mörser mit dem Stößel zu feinem Pulver zerstoßen. Bockshornklee ist ein Standardgewürz der indischen Küche, er ist Bestandteil von Curry und Sambarpulver. In Ägypten und Äthiopien gibt man ihn in den Brotteig.

Die Wirkstoffe

Bockshornkleesamen gehören in der Volksmedizin zu den uralten Heilmitteln. Aus heutiger wissenschaftlicher Sicht konnten viele der in Indien üblichen Anwendungen voll bestätigt werden. Herausragende Wirkstoffe sind der Galaktomannanschleim sowie Trigonellin, hochwertige Proteine, Cholin und eine Reihe von Steroidsaponinen.

Der Galaktomannanschleim und das Trigonellin machen Bockshornkleesamen zu einem so genannten Emmoliens. Das heißt, dass sie unsere Haut aufweichen können und sich dadurch zur Behandlung von Hühneraugen und Schwielen eignen. Zusammen mit der stark entzündungshemmenden Wirkung der Steroidsaponine ist die Anwendung auch bei Furunkeln und Karbunkeln sinnvoll.

Aufgrund seiner stimulierenden Saponine und seiner hochwertigen Eiweiße gilt Bockshornklee außerdem als wirkungsvolles Kräftigungsmittel nach schweren Erkrankungen.

Das B-Vitamin Cholin hilft bei Konzentrationsschwäche, der hohe Schleimgehalt macht schließlich den Bockshornklee zu einem wirksamen Pflegemittel für entzündete Rachenräume und strapazierte Stimmbänder.

Die gerösteten Samen des Bockshornklees sind zwar eine etwas bittere, aber gesunde Beigabe zu gemischten Salaten. Sie enthalten viele Vitamine, Nitrate und Kalzium.

Die medizinischen Wirkungen

Innerlich angewandt unterstützt Bockshornklee die Therapie und hilft vorbeugend bei

- Heiserkeit
- körperlicher und geistiger Erschöpfung
- Rachenentzündungen

Äußerlich hilft er in Form von Breiumschlägen bei

- Furunkeln
- Hühneraugen
- Karbunkeln
- Schwielen

Bockshornklee und Ayurveda

Bockshornklee gehört zu den oft verwendeten Gewürzen der Ayurvedalehre. Man schätzt ihn als Förderer der Verdauung und als Stärkungsmittel für Körper und Geist. Bockshornklee ist scharf und wärmend, er hilft insofern Menschen mit hohem Vataanteil, denen schnell kalt wird und die zu schweißkalten Füßen und Händen neigen. Darüber hinaus »impft« er uns mit Temperament, er ist also für phlegmatische und willensschwache Charaktere genau das richtige Ausgleichsgewürz.

Brei

Gegen Furunkel und Schwielen

100 g pulverisierter Bockshornkleesamen · 100 ml Wasser

1 Den Bockshornkleesamen mit dem Wasser aufsetzen und so lange bei schwacher Hitze kochen lassen, bis ein zäher Brei entsteht. Etwas abkühlen lassen.
2 Den Brei auf einem Tuch verstreichen und auf die erkrankte Stelle legen. Machen Sie vier Umschläge pro Tag.

Buttermilchsuppe mit Kräutern

Die Buttermilchsuppe mit Kartoffeln und Bockshornklee schmeckt nicht nur gut, sie kann auch äußerlich als Kompresse bei Sonnenbränden hilfreich sein. Dazu muss sie natürlich gut gekühlt sein; auf Schnittlauch und Petersilie wird dabei verzichtet.

Für die gesunde Haut
Für 2 Portionen

2 Kartoffeln · 1/2 Zwiebel · 1 Knoblauchzehe · 1 EL Ghee (Butterreinfett) · 1 Messerspitze Bockshornkleesamen 300 ml Gemüsebrühe · 100 ml Buttermilch · Salz 2 TL gehackter Schnittlauch · 1 TL gehackte Petersilie

1 Kartoffeln schälen und in Scheiben schneiden, Zwiebel abziehen, würfeln, Knoblauch ebenfalls abziehen. Ghee im kleinen Topf erhitzen und Zwiebel sowie Bockshornklee darin anrösten, Knoblauch dazu pressen. Kartoffelscheiben hinzufügen, unter Rühren kurz andünsten, mit der Brühe aufgießen.
2 Die Suppe 12–15 Minuten lang bei schwacher Hitze kochen lassen. Dabei mehrmals umrühren.
3 Die Buttermilch unterrühren, kurz aufkochen, mit Salz abschmecken. Mit Schnittlauch und Petersilie garnieren.

Braune Linsen mit Bockshornkleesamen

Zur geistigen und körperlichen Stärkung
Für 2 Portionen

150 g getrocknete Linsen · 1 EL Ghee (Butterreinfett) 1 Prise Thymian · 1 Prise Rosmarin · 1 Messerspitze Bockshornkleesamen · 1 Messerspitze Muskatnuss · 600 ml Wasser Salz · Pfeffer · Zitronensaft

1 Die Linsen waschen, abtropfen lassen. Ghee in einem Topf erhitzen, die Gewürze hinzugeben und leicht anrösten.
2 Die Linsen mit dem Wasser beifügen und 1 Stunde bei schwacher Hitze kochen lassen. Mit Salz, Pfeffer und Zitronensaft abschmecken.

Das besondere Rezept

Curry mit Putenfleisch

Für 4 Portionen

350 g frische Kokosnuss
450 ml heiße Milch
500 g Putenfleisch
etwas Butter
4 Zwiebeln
3 Knoblauchzehen
1 Stück frische Ingwerwurzel
3 EL Pflanzenöl
2 EL gemahlener Koriander
1 Messerspitze Gelbwurz
1 TL gemahlene Bockshornkleesamen
1 gelbe Paprikaschote

Das Currygericht kann auch mit anderen mageren Fleischsorten wie Hühnerbrust oder Poulardenschnitzeln zubereitet werden. Auch Garnelen- oder Krabbenfleisch ist dazu geeignet, muss jedoch nicht vorgebraten werden. Reichen Sie Reis zum Curry.

1 Die Kokosnuss raspeln und in einer Schüssel mit der heißen Milch übergießen. Die abgekühlte Kokosmilch durch eine Stoffserviette passieren und beiseite stellen.
2 Das Putenfleisch schnetzeln und in Butter durchbraten. Die Zwiebeln hacken. Knoblauch und Ingwerwurzel zu den Zwiebeln pressen und im Öl 3 Minuten anbraten. Übrige Gewürze und Kokosmilch hinzufügen. 10 Minuten köcheln lassen!
3 Paprikaschote würfeln, dazugeben und 8 Minuten schmoren.

Dill

Dill stammt vermutlich aus Vorderasien. Schon im Ägypten der Antike wurde er als Heilkraut kultiviert. Sicher ist jedoch, dass er schon sehr lange in der Küche verwendet wird, gerade im mitteleuropäischen und nordeuropäischen Raum. In erster Linie wird dabei das frische Dillkraut verwendet. Dillsamen wurden früher als eine Art »Beruhigungskaugummi« nervösen Kindern verabreicht, daher auch sein aus dem Altnorwegischen stammender Name von »dilla« = einlullen. Auch heute werden die Samen noch gelegentlich von Naturmedizinern verschrieben, um nervöse Magenwände zu beruhigen. In der Küche werden sie jedoch selten benutzt.

Anwendung in der Küche

Während der Pionierzeit in den USA verabreichte man getrockneten Dillsamen den Kindern, um sie während der Gottesdienste ruhig zu halten. Daher bekam er den Namen »meeting seed«: Samen, der Versammlungen erst möglich macht!

Früher rieben sich hier zu Lande die Bräute Senf hinter die Ohren und legten sich frisches Dillkraut in die Schuhe. Dazu sagten sie folgenden Spruch: »Ich habe Senf und Dill, mein Mann muss tun, was ich will.«

In der Küche taucht der im Geschmack an Kümmel erinnernde Same selten auf, allein in den USA wird er gelegentlich zum Würzen von Kuchen und Kohlgerichten verwendet. Ansonsten dominiert der aromatische Geschmack des frischen Krauts. Es wird traditionell zum Würzen von Gurken, Blattsalaten, Joghurt, Quark und hellen Fischsaucen verarbeitet, in Skandinavien schätzt man Dill auch zu Fleischgerichten.

Dillkraut schmeckt am besten frisch. Bei Warmspeisen wird Dill über das fertige Gericht gegeben.

Die Wirkstoffe

Dillsamen enthalten ätherische Öle, darunter Carvon, Limonen und Pinen, von denen eine krampflösende und verdauungsfördernde Wirkung ausgeht. Von größerer Bedeutung ist der Mineralgehalt des Dillkrauts. Mit 7 Prozent – bezogen auf seine Trockenmasse – stellt es innerhalb der Heilpflanzen den Mineralrekord auf.

Überragend sind mit 647 Milligramm und 230 Milligramm auf 100 Gramm Kraut die Kalium- und Kalziumanteile von Dill. Aufgrund dieser Werte zählt er zu den harntreibenden Mitteln, gleichzeitig hilft er gegen Knochenschwund. Die Anteile an Zink, Eisen und Jod machen die Haut geschmeidig und weich. Dill unterstützt außerdem das Immunsystem und verbessert das Blutbild, schließlich bildet er einen natürlichen und wirksamen Schutz vor Jodmangel.

Frischer Dill enthält reichlich Vitamine. Der Anteil an Karotinoiden wird von keiner anderen Pflanze erreicht. Dadurch wird Dill zu einer wichtigen Pflanze bei der Vorbeugung gegen Krebs und Infektionen sowie zu einem wirksamen Heilmittel gegen Entzündungen von Darm und Haut. Außerdem kann unser Organismus den Großteil der Dillkarotinoide zu Vitamin A umbauen.

Dillkraut darf bei Warmspeisen erst nach dem Kochen hinzugefügt werden. Die Dillsamen können hingegen mitgekocht werden, ohne dabei viel an Aroma zu verlieren.

Die medizinischen Wirkungen

Dillkraut unterstützt die Therapie und hilft vorbeugend bei

- Abwehrschwäche
- Blutarmut infolge von Eisenmangel
- Gicht
- Harnsteinleiden
- Hautentzündungen
- Jodmangel
- Osteoporose

Dillsamen helfen außerdem bei

- Darmkoliken
- Mundgeruch
- Nervosität
- Reizmagen

Aufgrund seiner extrem hohen Karotinanteile wirkt Dillkraut vorbeugend gegen Krebserkrankungen.

Dill und Ayurveda

Dill wirkt dämpfend auf Kapha und eignet sich daher für Menschen, die sehr aktiv sind. Er wirkt entkrampfend, sowohl im körperlichen, als auch im geistigen Bereich. Fixe Ideen, Eifersucht, Neid, sexuelle Verklemmtheit, Arroganz und andere Einstellungen, die auf seelische Verkrampfung schließen lassen, können mit Dill beantwortet werden. Wichtig ist, dass der Betroffene seinen Verkrampfungen gegensteuern will.

Dillsamen-Honig-Aufguss

Gegen Unterleibskrämpfe und Nervosität

1 TL Dillsamen · 200 ml Wasser · 1 TL Honig

1 Die Dillsamen im Mörser zerstoßen und mit kochendem Wasser übergießen.
2 Etwa 10 Minuten zugedeckt ziehen lassen, dann abgießen. Trinken Sie in kleinen Schlucken davon drei Tassen über den Tag verteilt.

Frankfurter Sauce

Zur Schonung des Magens
Zu hart gekochten Eiern, Pellkartoffeln und Rindfleisch

1 hart gekochtes Eigelb · 1 EL Pflanzenöl · 1 EL Zitronensaft 1 Knoblauchzehe · 1 Becher Joghurt (3,5% Fett) · 1 Becher saure Sahne (150 g) · 2 EL gehackter Dill · 2 EL gehackter Schnittlauch · 2 EL gehackte Petersilie · 1 EL Kerbel 1 EL Liebstöckel

Wer es gerne würziger mag, kann der Frankfurter Sauce noch etwas klein gehackte Zwiebeln beimischen. Die Kräutermischung kann auch mit Estragon, Borretsch, Pimpinelle und Zitronenmelisse erweitert werden.

1 Das Eigelb mit der Gabel zerdrücken und sorgfältig mit dem Öl und dem Zitronensaft verrühren, anschließend den Knoblauch dazupressen.
2 Die Kräuter, Joghurt und die saure Sahne hinzugeben und alles gut verrühren.

Tip Die Sauce kann man gut im Voraus zubereiten. Sie muss dann aber kühl gestellt werden.

Schwedische Dillsauce

Zur leichteren Verdauung von Fisch und Hackfleisch

2 EL Butter · 2 EL Mehl · 400 ml Fleischbrühe 3 EL gehackter Dill · 1 EL Weinessig · 1 Ei · Salz · Pfeffer

1 Die Butter bei schwacher Hitze zergehen lassen, unter ständigem Rühren das Mehl hinzugeben.
2 Danach die Fleischbrühe hinzugießen und rühren, bis die Sauce glatt wird.
3 Den Dill und den Essig beifügen. 3 Esslöffel der Sauce aus dem Topf nehmen, mit dem Ei verquirlen und wieder in den Topf geben. Alles glatt rühren und schnell von der Kochstelle nehmen. Mit Salz und Pfeffer abschmecken.

Das besondere Rezept

Kürbisgemüse in Dilljoghurt

Für 4 Portionen

1 kg Kürbisfruchtfleisch ohne Kerne und Schale
1 Gemüsezwiebel
2 EL Pflanzenöl
100 ml Gemüsebrühe (instant)
1 TL Speisestärke
1 Becher Joghurt (10% Fett)
2 EL gehackter Dill
Salz, weißer Pfeffer
1 TL Weinessig

Kürbisfleisch und Dill sind eine gute Ergänzung zur Behandlung von Vitamin-A-Mangel, denn beide enthalten sehr viel Karotinoide.

1 Das Kürbisfleisch grob raspeln und mit etwas Salz bestreuen. Etwa 15 Minuten ziehen lassen.

2 Die Gemüsezwiebel abziehen und fein hacken. Öl in einem Schmortopf erhitzen, Zwiebel und Kürbisraspel darin andünsten. Mit der Gemüsebrühe aufgießen und 15 Minuten zugedeckt garen.

3 Den Joghurt mit Speisestärke verrühren und zum Gemüse geben. Kurz aufkochen.

4 Den Dill beifügen. Mit Salz, weißem Pfeffer und Essig kräftig abschmecken.

Estragon

Der Estragon kam aus den sibirischen und mongolischen Steppen zu uns. Vermutlich brachten ihn die Kreuzfahrer nach Europa. Sein Name stammt von dem arabischen Wort »tharchoum«, was so viel wie »kleiner Drache« bedeutet. Heute wird er vor allem in Frankreich kultiviert, wo er auch eine wichtige Rolle in der Küche spielt. In Spanien und Italien ist er hingegen fast unbekannt, auch hier zu Lande wird er eher selten verwendet. Dabei kann er gerade für Salate und Fleischspeisen eine echte Bereicherung darstellen. Als Heilpflanze ist er eher von untergeordneter Bedeutung. Er ist jedoch ein hervorragender Appetitanreger und ein großer Magenfreund.

Anwendung in der Küche

Estragon riecht süßlich, schmeckt aber leicht bitter und herb. Das frische Kraut ist sehr würzintensiv, sollte daher nur sparsam verwendet werden. Am intensivsten schmeckt er zusammen mit Zitronensaft und Essig, wie zum Beispiel bei sauren Gurken und eingelegten Zwiebeln und anderen Gemüsen; er neigt allerdings auch dazu, andere Gewürze mit seinem Aroma zu überdecken.

Früher glaubte man, sich mit einem Bündel Estragon in der Tasche vor Schlangenbissen schützen zu können. In einigen Gegenden heißt er daher noch heute »Schlangenkraut«.

Estragon steht für die französische Küche. In der berühmten Sauce vinaigrette passt er zu Spargel, Artischocken, Champignons und Blumenkohl. Seine mild-pfeffrige Schärfe schmeckt aber auch zu Fleischbrühen, Aspikgerichten, Schwarzwurzeln, Kartoffelpüree, Fleisch- und Fischragouts sowie zu Eier- und Innereiengerichten und Salaten.

Ebenso wie Basilikum passt er sehr gut zu Tomaten. Man verwende ihn jedoch sparsam, da seine ätherischen Öle den Eigengeschmack eines Gerichtes übertönen.

Auch die indonesische und chinesische Küche setzen in ihren Reisgerichten gerne auf Estragon. In Kombination mit traditionellen Chinagewürzen wie Ingwer und Gelbwurz wirkt er jedoch aufdringlich und erdrückend.

Die Wirkstoffe

Estragon enthält einige ätherische Öle, die eine leicht verdauungsanregende und Harn treibende Wirkung entfalten. Von größerer Bedeutung für unsere Gesundheit sind jedoch seine Mineralien.

Mit 450 Milligramm auf 100 Gramm enthält Estragon überdurchschnittlich viel Kalium, das Mineral wird zum reibungslosen Ablauf der Muskelarbeit benötigt und fördert außerdem die Urinausscheidung. Daneben enthält Estragon viel Kalzium für den Knochenaufbau und viel Magnesium für das Immunsystem und die Muskelarbeit. Magnesium schützt außerdem unser Herz vor Überlastungen und Rhythmusstörungen.

Besonders hervorzuheben sind schließlich die hohen Werte an Eisen und Fluor. Estragon unterstützt daher die Vorbeugung und die Therapie gegen Blutarmut und Karies.

In unseren Breiten gibt es vor allem zwei Sorten Estragon, den russischen und den deutschen. Der russische ist aufgrund seiner Winterhärte für den Eigenanbau im Garten oder auf dem Balkon besser geeignet. Er ist aber etwas schwächer im Aroma.

Die medizinischen Wirkungen

Estragon unterstützt die Therapie und hilft vorbeugend bei

- Appetitlosigkeit
- Blähungen
- eisenmangelbedingter Blutarmut
- Harnsteinleiden
- Karies
- Magenübersäuerung
- Magnesiummangel
- Nierenträgheit
- Osteoporose
- Rheumatismus
- Verdauungsträgheit
- Zahnschmerzen

Estragon und Ayurveda

Aroma und Geschmack von Estragon lassen eine eindeutige Zuordnung gegenüber den drei Doshas nicht zu. Doch gerade darin liegt seine Stärke: Estragon bestärkt uns in unserem Istzustand, er verändert uns nicht in die eine oder andere Richtung, sondern er stabilisiert uns dort, wo wir gerade stehen. Er bildet eine wichtige Stütze im Rahmen unserer bereits bestehenden seelischen und körperlichen Ausgewogenheit. Estragon hält uns also gesund, uns zu heilen oder korrekturbedürftige Ungleichgewichte auszugleichen vermag er jedoch nicht.

Estragonessig

Zum Appetit anregen, für Salate

2 frische Estragonstiele · 1 l Weinessig
1 TL gehackter Dill · 1 TL gehackte Zitronenmelisse

1 Den Estragon waschen, trocknen und zerkleinern.
2 Den Weinessig kurz erhitzen und über die Kräuter gießen.
3 Den Sud eine Woche lang im Dunkeln ziehen lassen, dann in gut verschließbare Gläser füllen.

Grünes Champignonsragout

Zur Stärkung des Magens
Für 2 Portionen

500 g frische Champignons · 1/2 Zwiebel
3 EL Pflanzenöl · 1 EL Butter · 1 EL gehackte Petersilie
1 EL gehackter Dill · 1 TL Thymian · 1 EL Estragon
1 Knoblauchzehe

Das grüne Champignonsragout schmeckt sehr gut mit Knoblauchbrot. Alternativ dazu kann man auch ein Ragout mit Steinpilzen zubereiten.

1 Die Pilze putzen und nach Belieben etwas zerkleinern. Die Zwiebel abziehen und fein hacken.
2 Das Öl erhitzen, die Zwiebel kurz darin anbraten. Dann die Champignons hinzugeben und noch 10 Minuten garen.
3 Die Butter und die Kräuter beifügen. Den Knoblauch abziehen und über dem Ragout auspressen. Alles gut vermischen.

Pute Gärtnermeister

Schonkost für einen geschwächten Organismus
Für 2 Portionen

2 große Putenschnitzel · 1 EL Butter · 2 EL gehackter Schnittlauch · 2 EL gehackte Petersilie · 2 EL gehackter Estragon
1 Knoblauchzehe · 2 EL Pflanzenöl · Salz · weißer Pfeffer

1 In die Schnitzel der Länge nach eine Tasche schneiden. Die Butter erhitzen, die Kräuter dazugeben. Den Knoblauch abziehen und den Saft dazupressen, salzen und pfeffern.
2 Gut verrühren und alles in die Fleischtaschen füllen. Die Öffnungen mit Zahnstochern verschließen.
3 Die Schnitzel in einer Pfanne mit etwas Öl braten und am Ende mit wenig Salz und Pfeffer nachwürzen. Zu den Gärtnerschnitzeln servieren Sie am besten Kartoffelpüree, das auch mit etwas Estragon verfeinert werden kann.

Das besondere Rezept

Artischocken mit Estragonvinaigrette als Vorspeise

Für 4 Portionen

4 Artischocken
1 EL Weinessig
1 EL Zitronensaft
1/2 Tasse Gemüsebrühe
3 EL Olivenöl
1 Knoblauchzehe
1 TL gehackter Estragon
1 EL gehackte Petersilie
1 EL gehackter Schnittlauch
Salz, Pfeffer

1 Die Artischocken waschen, von den Stielen und abstehenden Bodenblättern befreien. Dann in reichlich Salzwasser etwa 40 Minuten bei schwacher Hitze garen. Die Artischocken sind fertig, wenn sich die Blätter leicht herausziehen lassen.

2 Für die Vinaigrette Essig, Zitronensaft und Gemüsebrühe mit dem Handrührgerät vermischen, dann bei laufendem Rührgerät das Öl hineinträufeln. Den Knoblauch abziehen und dazupressen. Die Gewürze beifügen. Gut durchrühren.

3 Die gekochten Artischocken über einem Sieb abtropfen lassen, zusammen mit der Sauce servieren.

Artischocken werden in deutschen Küchen leider zu selten verwendet. Meist kennt man nur die eingelegten Artischockenböden. Dabei kann man mit den jod- und fluorreichen Früchten wesentlich mehr in der Küche anfangen.

Fenchel

Fenchel gehört zu den ältesten Heil- und Gewürzpflanzen, die es gibt. Schon die Pharaonen kannten seine guten Wirkungen. Die Griechen stellten ein Augenwasser aus Blättern, Stängeln und Samen her, das besondere Sehschärfe verleihen, aber auch gegen Schlangenbiss helfen sollte. In Antike und Mittelalter war Fenchel das reinste Universalheilmittel. In den Urkunden des Klosters St. Gallen ist er aufgeführt, und von Karl dem Großen wurde er in den Kapitularien zum Anbau verordnet. Pfarrer Kneipp hielt ihn für einen unverzichtbaren Bestandteil jeder Hausapotheke, weil seine Körner so trefflich bei Koliken zu verwenden sind. Heutzutage werden die Fenchelsamen in Deutschland überwiegend für Teezubereitungen gegen Darmbeschwerden eingesetzt. Ganz im Unterschied zu Italien und Frankreich, wo sie als wichtiges Gewürz aus der Küche nicht wegzudenken sind.

Anwendung in der Küche

Fenchelsamen duften wie Anis, und auch ihr Geschmack ist ähnlich: warm und duftend, allerdings weniger süß als Anis. In deutschen Küchen wird Fenchel leider viel zu selten genutzt, ganz anders in Frankreich und Italien. Dort schätzt man ihn als Gewürz zu Fisch, Schweinefleisch, Kalbfleisch und Salaten. Die italienische Salami Finocchiona bekommt erst durch Fenchel ihren unverwechselbaren Geschmack.

Auch die frischen Blätter des Fenchels sind in der Küche verwendbar. Fenchelblätter enthalten zahlreiche Vitamine. Die Gewürzheilkunde verwendet allerdings nur die Samen.

Fenchel eignet sich zur Würze von Fischmarinaden und zum Würzen von Bratfisch. Kohlspeisen werden durch ihn bekömmlicher. Alte Kartoffeln werden, mit Fenchel gekocht, wie neu.

In Deutschland erhält man in der Regel zwei Fenchelqualitäten: den Kamm- oder Traumelfenchel mit 4,5 Prozent ätherischem Öl und den Strohfenchel mit 3,5 Prozent ätherischem Öl. Der Erstgenannte ist gesünder, der Zweitgenannte ist allerdings besser mit anderen Gewürzen kombinierbar. Daneben werden auf dem deutschen Markt mittlerweile auch zahlreiche ausländische Fenchelsorten angeboten.

Die Wirkstoffe

Hauptwirkstoffe der Fenchelsamen sind die ätherischen Öle, vor allem das Anethol. Sein Anteil steigt noch während der Lagerung von getrocknetem Fenchelsamen an. Anethol besitzt anregende Wirkungen auf die Schleimhaut der Luft- und Darmwege. Außerdem wirkt Anethol krampflösend und antibiotisch. Dadurch wird Fenchel zu einer Heilpflanze bei Infektionen und Entzündungen von Bronchien und Darm.

Fenchel gibt uns die Kraft, von zwanghaften Gedanken loslassen zu können. Er ist also auch ein gutes Gewürz zur Bewältigung von Trauer, etwa nach einem Todesfall oder einer Scheidung.

Die medizinischen Wirkungen

Fenchel unterstützt die Therapie und hilft vorbeugend bei

- Blähungen
- Dreimonatskoliken
- Durchfall
- Husten
- Magenkrämpfen

Fenchel und Ayurveda

Der Grundcharakter von Fenchel ist angenehme Wärme und Entspannung. Fenchel stärkt unsere individuelle Verdauungskraft Agni, und das nicht nur im körperlichen, sondern auch im geistigen Sinn. Auf diese Weise trägt Fenchel dazu bei, dass wir uns besser von geistigen und körperlichen Schlacken reinigen können.

Fenchel wirkt dämpfend auf alle drei Doshas, besonders ausgeprägt ist jedoch seine Dämpfung von Pitta. Dadurch wird er zu einem wirksamen Mittel für Menschen, die immer wieder von bestimmten Zwangsvorstellungen heimgesucht werden. Wer unter »Waschzwang«, »Telefonzwang« oder »Kontrollzwang« leidet oder insgesamt zu sehr kopfgesteuert ist und keine gefühlsmäßige Spontaneität zulassen kann, dem kann mit Fenchel bei regelmäßigem Gebrauch geholfen werden.

Auch zwanghaftes Festhalten an einer bestimmten Person ist ein Fall für Fenchel. Allerdings gilt hier wie für andere psychoaktiven Gewürze auch: Eine in früher Kindheit angelegte und tief im Unterbewusstsein verwurzelte Zwangsneurose kann nur durch Fenchel allein nicht beseitigt werden; hier ist unter Umständen eine psychotherapeutische Behandlung beim Facharzt nötig.

Anis-Kümmel-Fenchel-Tee

Gegen Blähungen

10 g Fenchel · 10 g Anis · 10 g Kümmel · 200 ml Wasser

1 Alle drei Gewürze miteinander vermischen.
2 Für den Aufguss 2 Teelöffel der Mischung mit kochendem Wasser übergießen. 10 Minuten zugedeckt ziehen lassen und durch ein Sieb gießen.

Gedünstete Gurken

Eine leichte Abendkost
Für 2 Portionen

Gedünstete Gurken mit Fenchelsamen haben einen Begleiteffekt: Sie mobilisieren die Harnausscheidung und wirken dadurch vorbeugend gegen Gicht und Nierensteine.

1 Salatgurke · 1/2 TL Zucker · 1 Prise Salz · 2 EL Essig
1 EL Wasser · 2 Schalotten · 10 g Butter
1 Knoblauchzehe · 2 TL Mehl · 200 ml Hühnerbrühe (instant) · 1 Messerspitze gemahlener Fenchelsamen

1 Gurke schälen, in Längsrichtung halbieren. Kerne entfernen, Fruchtfleisch würfeln. Zucker und Salz im Essigwasser auflösen und über die Gurkenstücke gießen, 1 Stunde ziehen lassen.
2 Die Schalotten hacken und in der Butter dünsten. Den Knoblauch abziehen, über den Schalotten auspressen. Mehl und Fenchelsamen hinzugeben und rühren, bis das Mehl goldgelb wird.
3 Die Hühnerbrühe zugießen, aufwallen lassen, dann alles 5 Minuten bei schwacher Hitze kochen lassen.
4 Die Gurken hineingeben und 10 Minuten garen. Achten Sie darauf, dass sie nicht verkochen!

Apfelchutney mit Ingwer und Fenchel

Zur geistigen Reinigung
Für 2 Portionen

3 süße Äpfel (z. B. Delicious) · 1 EL Ghee (Butterreinfett)
1 EL brauner Rohrzucker · 1 Messerspitze Zimt
1 gestrichener TL gemahlener Fenchelsamen
1 gestrichener TL gemahlener Ingwer · Salz

1 Die Äpfel waschen, entkernen. Das Fruchtfleisch grob würfeln. Ghee mit dem Rohrzucker in einem Topf erhitzen, die Gewürze hinzugeben und kurz anrösten.
2 Die Apfelstücke beifügen und alles etwa 15 Minuten lang köcheln lassen. Mit etwas Salz abschmecken.

Das besondere Rezept

Mangofrucht mit Fenchel

Für 4 Portionen

1 Mango
2 Orangen
1/2 TL gemahlener Fenchelsamen
1 EL Crème fraîche
2 EL Bioghurt
1 EL Zitronensaft
Salz
1 Prise Cayennepfeffer
20 g Kürbiskerne

1 Die Mango schälen, das Fruchtfleisch in Spalten vom Kern lösen und würfeln.

2 Die beiden Orangen gründlich schälen, die weiße Haut muss völlig entfernt werden. Mit einem kleinen Messer das Fruchtfleisch von den Zwischenhäuten lösen.

3 Die Orangenscheiben mit den Mangospalten und dem Fenchelsamen in eine Schüssel geben, gut durchmischen und alles beiseite stellen.

4 Crème fraîche, Bioghurt, Zitronensaft, Salz und Cayennepfeffer zu einer glatten Sauce verrühren und über die Früchte gießen. Die Kürbiskerne rösten und über die einzelnen Portionen streuen. Vor dem Servieren gut kühlen.

Durch die Fenchelsamen bekommen Mangos und Orangen einen warmen Charakter. Daher kann man sie – obgleich erfrischend – auch an kalten Tagen essen.

Galgant

Ursprüngliche Heimat des Galgants ist Südchina, wo er auch heute noch in großem Stil angebaut und verwendet wird. Er gehört zu der Familie der Ingwergewächse. Arabische Ärzte machten ihn im frühen Mittelalter in Europa bekannt, die Heilige Hildegard von Bingen nahm ihn in ihr Heilpflanzensortiment auf. Auch heute wird er noch zu therapeutischen Zwecken genutzt, als Gewürz spielt er jedoch in Deutschland kaum eine Rolle. Dabei vermag er einer ganzen Reihe von Gerichten seine spezifische Geschmacksnote zu geben.

Galgantwurzeln werden oft mit Galanawurzeln verwechselt. Es handelt sich dabei jedoch um zwei unterschiedliche Pflanzen, die sich allerdings hinsichtlich ihrer Würzeigenschaften ähnlich sind.

Anwendung in der Küche

In Deutschland wird Galgant in drei Sorten angeboten, am bekanntesten ist der kleine Galgant aus China *(Alpinia officinarum)*. Er besitzt auch die größten therapeutischen Möglichkeiten, die Pharmaindustrie verarbeitet ihn zu allerlei Mono- und Kombinationspräparaten. Einige Getränkehersteller setzen die scharfe und verdauungsfördernde Wurzel ihren Magenbittern zu.

Weniger bekannt ist der in Indonesien und Südindien angebaute große Galgant *(Alpinia Galanga)*, der in hellgelber und roter Farbe produziert, hier aber nur in roter Variante angeboten wird. Er schmeckt weniger scharf und weniger aromatisch als der kleine Galgant. Dieses Defizit hat allerdings auch einen Vorteil: Beim großen Galgant besteht ein geringeres Risiko, die Speise zu überwürzen. Geschmacklich erinnert Galgant an Ingwer, er ist allerdings etwas schärfer. Er eignet sich zu Geflügel, vor allem in Kombination mit Ingwer, Koriander oder Kurkuma. Darüber hinaus kann man ihn auch zu cremigen Suppen und zu Fisch, vor allem zu Hering, verwenden.

Sie erhalten Galgant im chinesischen Lebensmittelgeschäft. Kaufen Sie am besten ganze Wurzelstücke, um dann kurz vor Gebrauch kleine Scheiben davon abzuschneiden und sie im Mörser zu pulverisieren. Fertig abgepacktes Galgantpulver aus dem Handel besitzt nur noch wenig Aroma, weil sich seine ätherischen Öle zum großen Teil verflüchtigt haben.

Die Wirkstoffe

Galgant enthält eine Reihe von ätherischen Ölen, außerdem Eugenol, Flavonoide und harzartige Scharfstoffe. Die ätherischen Öle wirken im Bauchbereich krampflösend, verdauungsfördernd und zusammen mit den scharfen Harzen appetitanregend. Galgant wird deshalb in China gerne als Kräftigungsmittel bei Abmagerung und Schwächezuständen verschrieben. Außerdem wirken die ätherischen Öle und die Harze als Wachmacher, sie eignen sich bei körperlichen und geistigen Erschöpfungszuständen.

Die Flavonoide stärken das Immunsystem und wirken entzündungshemmend. Daher haben einige Pharmahersteller mittlerweile Präparate mit Galgant oder seinen ätherischen Ölen auf den Markt gebracht.

Galgant ist mit seiner krampflösenden, ausgleichenden und appetitanregenden Wirkung ein hervorragendes Mittel gegen Abmagerung sowie körperliche und geistige Erschöpfung.

Die medizinischen Wirkungen

Galgant unterstützt die Therapie und hilft vorbeugend bei

- Abmagerung
- Darmkrämpfen
- geistiger Erschöpfung
- körperlicher Erschöpfung
- Magenkrämpfen
- Müdigkeit

Die konzentrationsfördernde Eigenschaft des Galgants kann auch aus den biochemischen Vorgängen beim Geschmacksempfinden abgeleitet werden. Galgant wirkt auf unser Geschmackszentrum im Gehirn und macht es in gewisser Weise neugierig, so dass die Aufmerksamkeit ganz auf das Essen gelenkt wird.

Galgant und Ayurveda

Galgant ist in seiner Wirkung ähnlich einzuordnen wie Ingwer, sein anregender Effekt ist jedoch stärker. Er gehört zu den Gewürzen, die uns helfen, unsere geistigen Energien zu bündeln. Nicht dadurch, dass er uns Scheuklappen aufsetzt, sondern ähnlich wie in der Meditation länger an den Punkten unseres Interesses verweilen lässt.

Aus diesem Grund eignet sich Galgant für all jene Menschen, die – obwohl sie bis über beide Ohren in Arbeit stecken – auf ein bestimmtes Ziel hinarbeiten müssen.

Galgantaufguss

Gegen Müdigkeit und Darmkrämpfe

1 TL zerstoßener Galgant · 200 ml Wasser

1 Das Galgantpulver mit heißem Wasser übergießen.
2 Etwa 10 Minuten zugedeckt ziehen lassen, dann durch ein Sieb abgießen. Trinken Sie in kleinen Schlucken davon nach Bedarf, bei Krämpfen mehrmals am Tag.

Galganttee

Zur Steigerung der Konzentration

1 Beutel schwarzer Tee · 1 TL Zitronensaft · 1 Messerspitze zerstoßener Galgant · 200 ml Wasser

Alternativ zum schwarzen Tee können Sie auch Jasmintee nehmen. Das Jasminaroma gibt mit Galgant zusammen eine interessante Mischung.

1 Den Teebeutel mit heißem Wasser übergießen, 5 Minuten ziehen lassen, den Beutel entfernen.
2 Dann den Zitronensaft und den Galgant hinzufügen, gut verrühren. Zum Süßen kann etwas Honig oder brauner Zucker hinzugegeben werden.

Tip Wenn Sie diesen anregenden Tee bei Diskussionen mehreren Personen anbieten möchten, so verdoppeln oder verdreifachen Sie die Zutatenmenge, geben noch 2 Teelöffel Ingwerpulver, 3 Gewürznelken und 1/2 Zimtstange dazu. An heißen Tagen sind auch Eiswürfel sehr erfrischend.

Indische Spinatcremesuppe

Ein anregendes Gericht, das nicht belastet
Für 4 Portionen

1 Packung (450 g) Tiefkühlspinat · 1 Zwiebel
1 Knoblauchzehe · 1 gestrichener TL gemahlener Galgant
1/2 l Gemüsebrühe · 100 ml Milch · 4 EL Crème fraîche
2 EL Zitronensaft · 2 EL Ghee (Butterreinfett) · Salz · Pfeffer

1 Den Spinat nach dem Rezept der Packung auftauen und kurz aufkochen. Die Zwiebel abziehen und fein würfeln.
2 Ghee erhitzen, die Gewürze und die Zwiebel darin kurz anrösten. Den Knoblauch abziehen und darüber pressen.
3 Die Suppe und den Spinat in den Topf geben und erhitzen, nicht mehr kochen. Crème fraîche, Milch und Zitronensaft hinzufügen, mit Salz und Pfeffer abschmecken.

Das besondere Rezept

Hering mit Gemüse und Galgant

Für 4 Portionen

1 Zwiebel
3 Kartoffeln
3 Möhren
etwa 60 g Butter
2 TL zerstoßener Galgant
1 Messerspitze Muskat
1 Knoblauchzehe
300 ml Gemüsebrühe
1 Bund Petersilie
4 große Heringe (küchenfertig)
Salz, Pfeffer

1 Die Zwiebel abziehen, die Kartoffeln und die Möhren schälen, jeweils in kleine Stücke oder Scheiben schneiden.

2 Im Schmortopf 40 g Butter zerlassen und das Gemüse, den Galgant und den Muskat leicht anrösten. Den Knoblauch abziehen und über dem Gemüse auspressen. Mit der Gemüsebrühe gut durchkochen lassen. Die Petersilie fein gehackt dem Gemüse beifügen.

3 Eine längliche Auflaufform mit Butter ausstreichen und die Heringe abwechselnd mit Kopf- und Schwanzende nebeneinander legen. Dann etwas von der Brühe aus dem Gemüsetopf darüber gießen. Die Form fest mit dem Deckel verschließen und zusätzlich mit einer doppelt gefalteten Alufolie abdichten.

4 Im Backofen 6 Stunden bei 150 °C (Gas Stufe 1) backen.

Durch das sechsstündige Backen lösen sich die Gräten im Hering praktisch auf, so dass sie beim Verzehr kein größeres Problem mehr darstellen.

Gewürznelke

Die Gewürznelke wurde 1600 v. Chr. von dem Ayurvedalehrer Bhavamisra beschrieben. Er wies auch schon auf ihre vielseitigen therapeutischen Verwendungsmöglichkeiten hin. In Deutschland wurden die »Gewürznägelein« erstmals 973 erwähnt, auch die Heilige Hildegard von Bingen zählte sie zu ihrem Heilpflanzensortiment. Die ersten Gewürznelkenplantagen im großen Stil wurden im 18. Jahrhundert von den Franzosen in Afrika angelegt. Bis heute stammt der größte Teil des weltweiten Angebots aus Afrika, vor allem aus Madagaskar und Zanzibar.

Anwendung in der Küche

Die Gewürznelke hat nichts mit unseren heimischen Nelkengewächsen zu tun. Es handelt sich bei ihr vielmehr um die Blütenknospe eines immergrünen Baumes, der ursprünglich auf den Molukken beheimatet war.

Gewürznelken haben ein ausgeprägt warmes und duftiges Aroma, ihr Geschmack ist süßlich-würzig bis scharf. Sie eignen sich als Gewürz zu Tee, Punsch, Glühwein und Likören sowie zu Backwaren und Obstgerichten. Für Fleischspeisen sind Gewürznelken, bis auf wenige Gerichte, nicht gut geeignet, allerdings werden sie in Amerika zum Spicken von Schinken verwendet, in Indien zum Anrichten von Meeresfrüchten.
Achten Sie beim Kauf der Gewürznelken darauf, dass ihre Stängel eine rotbräunliche Farbe haben und am oberen Ansatz etwas heller sind. Auch der Schwimmtest zeigt die Qualität: Teilentölte Nelken schwimmen waagrecht, Nelken mit vollem Ölgehalt sinken ab oder schwimmen aufrecht.

Die Wirkstoffe

Die Gewürznelke enthält eine überdurchschnittlich breite Palette von Wirkstoffen. Dominierend sind ihre ätherischen Öle, unter ihnen vor allem Eugenol, Caryophyllen und Vanillin. Darüber hinaus findet man Gerbstoffe, Phenolcarbonsäuren und Flavonoide. Eugenol wirkt in starkem Maß hemmend auf das Wachstum von Viren und Bakterien. Damit gibt es antibiotischen Schutz. Zusammen mit Caryophyllen entspannt Eugenol

die Muskeln des Darms und der Atemwege, die Gewürznelke wird dadurch zu einem wirksamen Mittel bei Bronchialerkrankungen wie Husten und Asthma sowie bei Unterleibskrämpfen infolge von Durchfall und Darminfektionen.
Eugenol konnte in zahlreichen Experimenten den Nachweis erbringen, Thrombozyten in den Blutgefäßen zu verhindern. Es muss daher auch zu den wirkungsvollen Heil- und Vorbeugemitteln der Arteriosklerose gezählt werden.
In jüngerer Zeit konnten bei Eugenol auch krebs-, schmerz- und entzündungshemmende Eigenschaften beobachtet werden. Offenbar greift das ätherische Öl direkt in den Entzündungs- und Schmerzstoffwechsel ein. Die Gewürznelke ist also eine wertvolle Therapieunterstützung bei den verschiedensten Erkrankungen.

Der Gewürznelke kommt aufgrund ihrer therapeutischen Verwendungsmöglichkeiten eine überragende Rolle zu. Kaum eine andere Heilpflanze vermag eine derart mannigfaltige positive Wirkung auf unsere Gesundheit zu entfalten!

Die medizinischen Wirkungen

Gewürznelke unterstützt die Therapie und hilft vorbeugend bei

- Arteriosklerose
- Asthma bronchiale
- Bronchitis
- Darminfektionen
- Durchfall mit Krämpfen
- Heuschnupfen
- Husten
- Kopfschmerzen
- Krebs
- Magengeschwür
- Magenschleimhautentzündung
- Migräne
- Rachenentzündungen
- rheumatischen Erkrankungen
- Zahnfleischentzündungen
- Zahnschmerzen

Gewürznelke und Ayurveda

In der Ayurvedalehre genießt die Gewürznelke allergrößte Wertschätzung als Heilpflanze gegen Infektionen, Entzündungen und Schmerzen. Darüber hinaus gilt sie als Pflanze, die unser angespanntes Nervenkostüm beruhigt und unsere Verdauung mobilisiert. Ihre beruhigende Wirkung vernebelt jedoch nicht die Sinne. Sie verbessert unsere Beobachtungsgabe und hält uns trotz aller entspannenden Effekte bei wachem Bewusstsein und voller Sinneskraft.

Jagertee

Der klassische Punsch zum Aufwärmen
Für 2 Portionen

2 TL schwarzer Tee · 100 ml Rotwein · 1 EL Orangensaft 1 EL Zitronensaft · 1 Gewürznelke · 1 Messerspitze Zimt brauner Zucker · 2 cl brauner Rum · 400 ml Wasser

Beim Jagertee können Sie auch 2 Teebeutel anstelle der offenen Blätter nehmen. Das erspart einen Sieb-gang, verringert aber den Geschmack. Außerdem enthält Beuteltee weniger Fluor.

1 Den Tee in einer Kanne mit kochendem Wasser überbrühen, 4 Minuten ziehen lassen.
2 Rotwein, Orangensaft, Zitronensaft und die Gewürze in einem Topf verrühren.
3 Den Tee durch ein Sieb in den Topf dazugießen. Noch einmal erhitzen, aber nicht kochen!
4 Jetzt den Rum dazugeben. Den Punsch durch ein Sieb in zwei Gläser gießen. Gezuckert wird mit braunem Zucker nach eigenem Geschmack.

Apfel-Tee-Punsch

Anregend bei feierlichen Anlässen
Für 4 Portionen

1 süßsaurer Apfel · 4 Beutel schwarzer Tee (Earl Grey oder Darjeeling) · 3/4 l Wasser · 1 Messerspitze Zimt · 1 Gewürznelke · Kandiszucker

1 Den Apfel schälen, vierteln, entkernen, das Fruchtfleisch würfeln. Die Apfelwürfel in dem Wasser aufkochen und darin die Teebeutel 3–5 Minuten ziehen lassen.
2 Anschließend die Beutel entfernen und den Apfeltee mit Zimt, Nelke und Kandiszucker ganz nach eigenem Geschmack würzen.

Indischer Gewürztee

Zur Entspannung am Nachmittag
Für 4 Portionen

5 TL Assamtee · 1/2 Zimtstange · 2 Gewürznelken 1/2 l Wasser · 1/2 l Milch · Kandiszucker

1 Alle Zutaten in einen Topf geben und kalt aufsetzen.
2 Zum Kochen bringen und bei schwacher Hitze 10 Minuten köcheln lassen. Durch ein Sieb gießen. Nach Belieben nachsüßen.

Das besondere Rezept

Lebkuchenbiskuits

Für etwa 60 Stück

25 g Butter
150 g Honig
50 g brauner Zucker
1 Gewürznelke
1 TL gemahlener Ingwer
1 Messerspitze Zimt
1 Messerspitze Kardamom
1 Messerspitze gemahlener Bockshornklee
400 g Mehl
1 Eigelb
1 TL Natron

1 In einer Pfanne Butter, Honig und Zucker erhitzen, bis die Mischung glatt und der Zucker aufgelöst ist. Die Gewürznelke zerstoßen und sämtliche Gewürze in die Mischung geben.

2 Zwei Drittel des Mehls mit dem Eigelb und der Butter-Honig-Mischung vermischen. Dann das Natron in einem Löffel mit warmem Wasser auflösen und hinzugeben. Mit dem verbliebenen Mehl zu einem festen Teig kneten.

3 Den Teig 1/2 cm dick ausrollen, kleine Formen ausstechen und auf ein gefettetes Backblech legen. Im Backofen bei 160 °C (Gas Stufe 1–2) 10 Minuten backen.

Diese Lebkuchenbiskuits sind nicht allein für den weihnachtlichen Plätzchenteller gedacht. Mit ihren zahlreichen anregenden und gleichzeitig ausgleichenden Gewürzen sind sie geradezu ein Hit für Kinder.

Ingwer

Die genaue Herkunft der Ingwerstaude und des aus ihrer Wurzel gewonnenen Gewürzes ist unbekannt, sicher ist jedoch, dass Ingwer in China schon vor 3000 Jahren bekannt war. Auch die antiken Ärzte schätzten Ingwer als Würzmittel und als Medikament gegen die unterschiedlichsten Krankheiten. Heute wird er in fast allen tropischen Gebieten wie Jamaika, Brasilien, Florida, Zentralafrika und Südostasien angebaut. Doch während Ingwer aus der asiatischen Küche nicht wegzudenken ist, setzt man hier zu Lande auf ingwerhaltige Currymischungen. Als eigenständiges Gewürz wird er vorwiegend pulverisiert verwendet. Frischer Ingwer wird auch zu Marmeladen, Ingwerbier und Konfekt verarbeitet.

Anwendung in der Küche

Im Mittelalter wurde Ingwer mit Erfolg gegen die Pest eingesetzt. Allerdings wirkt die Heilpflanze aus wissenschaftlicher Sicht gegen die Pesterreger wohl eher vorbeugend als therapeutisch.

Ingwer gehört zu den zentralen Gewürzen der indischen und chinesischen Küche. Dort schätzt man seinen warmen Holzduft, der einen eigentümlichen, aber nicht beißenden Kontrast zu seinem scharfen Geschmack bildet. In China wird Ingwer gern mit Knoblauch kombiniert, er gehört zu den Standardzutaten des Currypulvers. Seine Schärfe und seine verdauungsfördernde Wirkung werden in asiatischen Gemüse- und Fleischgerichten geschätzt, seine süßliche Note macht ihn zu einem idealen Gewürz für Lebkuchen, Biskuits, Kuchen und Puddings, gelegentlich findet man ihn auch in Tee, Bier und Wein. Man erhält im Handel auch vollständige Ingwerwurzeln, die man selbst schält und im Mörser oder mit der Reibe zerkleinert. Frische Ingwerwurzeln sind dem industriell gefertigten Ingwerpulver therapeutisch und kulinarisch weit überlegen. Die frische Ingwerwurzel stammt allerdings von milderen Sorten und muss daher wesentlich großzügiger verwendet werden als industriell gefertigtes Pulver.

Spezialitäten sind Ingwerstücke in Sirup sowie Sushoga und Benishoga (hauchdünne, rosa- und rotfarbene Ingwerschnitten, die in einem Spezialsud eingelegt wurden).

Die Wirkstoffe

Ingwer besitzt überdurchschnittlich viele ätherische Öle: Shogaol, Cineol, Borneol, Linalool, Camphen, Phellandren, Gingerol und viele andere mehr. Hervorzuheben sind die Gingerole, die in ihrer chemischen Struktur und ihrer Wirksamkeit dem Aspirin sehr ähnlich sind. Sie hemmen die Zusammenballung von Thrombozyten, wodurch das Risiko von Blutgefäßverschlüssen und Arteriosklerose deutlich verringert wird. Darüber hinaus wirken Gingerole schmerzhemmend und bekämpfen im Darmbereich Übelkeit, Blähungen und Krämpfe.

Gingerole und Shogaole gehören zu den Scharfstoffen. Sie regen den Speichel- und die Schweißabsonderung an. Durch die Erregung der Wärmenerven im Magen sorgen sie dort für ein ausgesprochen intensives Brenn- und Hitzegefühl.

Ingwer wirkt jedoch nicht nur wärmend im Magen, sondern auch in der Haut. Er ist daher ein Idealgewürz für die kalte Jahreszeit.

Ingwer verbindet auf einmalige Weise süßliches Aroma mit scharfem Geschmack. Dadurch wird er beinahe zu einem Universalgewürz, das man zu Gemüse- und Fleischgerichten ebenso einsetzen kann wie zu Tee und Gebäck.

Die medizinischen Wirkungen

Ingwer unterstützt die Therapie und hilft vorbeugend bei

- Appetitlosigkeit
- Arteriosklerose und ihren Folgeerkrankungen
- Blähungen
- Darm- und Magenträgheit
- Erkältungen
- Gastritis
- Müdigkeit
- Reisekrankheit
- Übelkeit mit Erbrechen

Ingwer und Ayurveda

Ingwer stärkt in besonderem Maß die Verdauungskraft Agni, verhindert dadurch das Ansammeln schädlicher Substanzen in unserem Körper. Das Verbrennen und Ausscheiden von Giften wird erleichtert. Ingwer ist daher ein ideales Mittel nach opulenten Ess- oder Trinkgelagen.

Bei den Doshas hemmt er Vata und Kapha, auf Pitta ist er ohne Einfluss. Dadurch hilft er bei der Beseitigung stressbedingter Erregungen ebenso wie bei Antriebslosigkeit und Müdigkeit. Besonders wirksam ist Ingwer bei Zukunftsängsten, die uns zwischen hektischer Aktivität und starrer Handlungsunfähigkeit hin- und herpendeln lassen.

Ingwertee

Gegen Erkältungen und Magenträgheit

Ingwertee hilft noch besser gegen Erkältungen, wenn Sie den Saft einer halben Zitrone in die Tasse geben.

1 EL frische Ingwerwurzelstücke oder 1 Messerspitze Ingwerpulver · 200 ml Wasser

1 Den Ingwer mit dem kochendem Wasser übergießen.
2 Etwa 5–8 Minuten ziehen lassen. Trinken Sie davon schluckweise drei Tassen pro Tag.

Ingwer-Orangen-Punsch

Gegen Erkältungen
Für 4–5 Portionen

4 TL schwarzer Darjeelingtee · 1 l Wasser · 1 Zitrone
2 Stangen Zimt · 1 gestrichener TL Ingwerpulver
6 Gewürznelken · 1 Glas Portwein · 1/4 l Rum
1/2 l frisch gepresster Orangensaft

1 Den Tee mit dem kochenden Wasser übergießen, 5 Minuten ziehen lassen, abseihen.
2 Die Zitrone auspressen, den Teeaufguss mit allen Gewürzen, dem Portwein, dem Rum und den Säften aufkochen, 5 Minuten ziehen lassen, nochmals durch ein Sieb gießen.
3 Süßen kann jeder nach seinem eigenen Geschmack. Am besten reichen Sie Kandiszucker dazu.

Ingwer-Minze-Chutney

Die verdauungsfördernde Beilage zu Fleischgerichten
Für 2 Portionen

1/2 Zwiebel · 150 g frische Minzeblätter · 2 grüne, entkernte Chilischoten · 1 TL frische Ingwerwurzel (gerieben)
2 EL Zitronensaft · 3 EL Wasser · Salz · Zucker

1 Die halbe Zwiebel abziehen und klein würfeln.
2 Dann alle Zutaten auf hoher Stufe im Mixer zu einem feinen Püree verarbeiten.
3 Mit Salz und Zucker abschmecken.

Tip Frische Ingwerwurzel, deren Aroma feiner und intensiver ist, eignet sich nicht nur für Getränke oder pikante Zubereitungen, sie verträgt sich auch gut mit allen Gewürzen, die für Obstsalate und feine Cremes geeignet sind.

Das besondere Rezept

Ingwerhähnchen

Für 2 Portionen

2 große Hähnchenbrüste
4 TL frischer, zerstoßener Ingwer
etwas Öl zum Braten
2 Knoblauchzehen
1 Zwiebel
80 ml Olivenöl
80 ml Essig
80 ml Gemüsebrühe
Salz, Pfeffer

1 Das Hähnchenfleisch mit etwas Salz und Ingwer in einer hohen Pfanne mit wenig Pflanzenöl etwa 20 Minuten schmoren lassen, bis das Fleisch durch ist.

2 Die Zwiebel abziehen und in Ringe schneiden. Dann das Fleisch schnetzeln, den Knoblauch abziehen und darüber pressen.

3 Alles zusammen mit Olivenöl, Essig, Gemüsebrühe und Zwiebelringen in eine Schüssel geben. Mit Salz und Pfeffer würzen und zugedeckt mindestens 1 Tag im Kühlschrank ziehen lassen.

Ingwerwurzeln schmecken brennend scharf und doch leicht süßlich. Daher sind sie ein ideales Gewürz, das man zu Gemüse- und Fleischgerichten ebenso einsetzen kann wie zu Tee und Gebäck.

Kapern

Kapern, schon in altägyptischen Papyri erwähnt, sind die geschlossenen, noch von Kelchblättern umgebenen unreifen Blütenknospen des Kapernstrauchs, der bis zu vier Meter lange Zweige mit dicklichen Blättern entwickelt. Die langgestielten, oliv- bis dunkelgrünfarbenen Blütenknospen sitzen in den Achseln der Blätter. Sie müssen in mühevoller Arbeit von Hand abgezupft werden, bevor sie zur Blüte aufbrechen. Kapern schmecken im frischen Zustand eigentlich nach nichts. Als Gewürz werden sie getrocknet und in Salzlösung, Essig oder Öl konserviert. Am zartesten sind die kleinsten Kapern (Nonpareilles). Den Hauptanteil des heutigen Angebots liefert Südfrankreich. Dort versteht man sich am besten auf die Zubereitung des eigenwilligen Gewürzes.

Anwendung in der Küche

Die Herstellung des Kaperngewürzes ist sehr aufwendig. Niemand würde für diese Mühen bezahlen wollen, wenn man nicht mit einem besonderen Geschmackserlebnis belohnt würde. Und in der Tat: Kapern schmecken würzig und scharf, ähnlich wie Senf oder Kapuzinerkresse – doch der wesentliche Unterschied zu diesen beiden besteht im eigentümlichen Scharf-Bitter-Mix der Kapern, der sie zu einem Gewürz der feinen Küche macht.

Kapern zählen zu den Gewürzen der feinen Küche. Sie müssen jedoch sparsam dosiert werden, da sie geschmacklich sehr dominieren.

Die besten Kapern kommen aus Südfrankreich. Sie werden nach ihrer Größe in fünf Sorten eingeteilt. Je kleiner die Kapern, umso besser ihr Geschmack. Die kleinsten von ihnen werden »Nonpareilles – die Unvergleichlichen« genannt. Sie sind daher sehr teuer. Doch auch die anderen Sorten – wie die Capucines – brillieren durch feinen Geschmack.

Kapern eignen sich vor allem für kalte Saucen, Remouladen, Mayonnaisen und Marinaden, die dann zu Fisch, kaltem Rind- und Geflügelfleisch, auch zu Gemüsen und Sülzspeisen gereicht werden können. Sehr lecker schmecken Tatar und kalter Rinderbraten mit Kapernsauce. In Frankreich werden Sardellen gern mit Kapern garniert. Das berühmteste deutsche Kapergericht sind die Königsberger Klopse.

Die Wirkstoffe

Überragende Wirkstoffe der Kapern sind die Senfölglykoside. Sie besitzen antibiotische Eigenschaften. Senföle konnten in zahlreichen Experimenten den Nachweis erbringen, das Wachstum von Bakterien in der Harnblase und den Harnleitern zu bremsen. Auch ihre Wirkung bei der Bekämpfung von Schnupfenviren ist belegt. Allerdings töten sie die Viren nicht ab, sondern stoppen deren Vermehrung.
Damit Kapern durch ihre Senföle therapeutische Effekte auslösen können, müsste man sie in sehr großen Mengen verzehren, ein Rat, dessen Umsetzung in der Realität natürlich nicht durchführbar ist.
Daher unser Tip: Wer unter einer Infektion – beispielsweise an einem Schnupfen – leidet, sollte nur dann auf Kapern setzen, wenn er keine anderweitigen, preiswerteren Senfölträger wie etwa Kapuzinerkresse, Meerrettich oder Senfsamen im Haus hat.

Für therapeutische Zwecke sind Kapern zu teuer, außerdem kommen hohe Dosierungen ihrem intensiven Geschmack nicht entgegen. Man sollte sie daher weniger als Medizin, denn als hochwertiges Würzmittel mit gesundheitsfördernden Eigenschaften verwenden.

Die medizinischen Wirkungen

Kapern unterstützen die Therapie und helfen vorbeugend bei

- Halsinfektionen
- Harnwegeinfektionen
- Husten
- Racheninfektionen
- Schnupfen
- Verdauungsträgheit

Kapern und Ayurveda

Kapern wirken energetisierend und leicht anregend. Dadurch helfen sie bei vorübergehenden Erschöpfungszuständen und Müdigkeit. Für kaphadominierte Menschen mit genereller Veranlagung zu Phlegma und Antriebslosigkeit sind sie weniger geeignet, ihr Haupteinsatzgebiet liegt vielmehr bei »Stresstypen«, die sich übernommen haben und etwas ausgepowert fühlen. Nach aufreibenden Arbeitstagen mit viel Hektik und Drunter und Drüber sind Kapern genau das Richtige.
Kapern unterstützen auch in geringem Umfang unsere Verdauungskraft Agni sowie das ayurvedische Feinsteuerungsprinzip Sattva. Sie gehören damit zu den Nahrungsmitteln, die uns helfen, eine bejahende Einstellung zum Leben aufzubauen.

Kapernaufguss

Gegen Infektionskrankheiten

1 EL Kapern · 200 ml Wasser

1 Die Kapern zerstampfen und mit kochendem Wasser übergießen.
2 Zugedeckt 10 Minuten ziehen lassen, durch ein Sieb gießen. Trinken Sie davon drei Tassen pro Tag.

Kapernbrotaufstrich

Kapernaufstrich schmeckt besonders gut zu dunklen Brotsorten wie Schwarzbrot, Vollkornbrot und Pumpernickel. Für helle Brotsorten ist er weniger geeignet.

Fürs Abendessen, zur Stärkung der Widerstandskraft

500 g Quark (Halbfettstufe) · 250 g saure Sahne · 1 Zwiebel
2 TL Kapern · 2 TL fein gehackter Dill · Salz · Pfeffer · Zucker

1 Den Quark in einer Schüssel mit der sauren Sahne glatt rühren. Die Zwiebel abziehen und fein hacken.
2 Zwiebel, Kapern und Dill zum Quark geben, gut verrühren. Mit Salz, Pfeffer und Zucker abschmecken.

Kapernsauce

Für Fischgerichte, erleichtert die Verdauung

125 g saure Sahne · 1 EL Zitronensaft · 2 TL Kapern · Salz
Pfeffer · Zucker

1 Die saure Sahne glatt rühren, die Kapern und den Zitronensaft hinzufügen, sorgfältig verrühren.
2 Mit Salz, Pfeffer und Zucker abschmecken.

Kapernsuppe

Die leicht verdauliche Vorspeise
Für 4 Portionen

1 l Fleischbrühe · 1 gehäufter EL Speisestärke · 1/4 l Milch
2 Eigelb · 2 EL Sahne · 4 TL Kapern (aus einer Salzlösung)
1 EL gehackter Dill

1 Die Fleischbrühe kurz aufkochen lassen, die Speisestärke in der kalten Milch auflösen und in die Brühe gießen, noch einmal aufkochen lassen, vom Herd nehmen.
2 Die Eigelbe in der Sahne verquirlen. In die Brühe einrühren.
3 Die Kapern auf die einzelnen Teller verteilen, die Suppe darüber gießen und den Dill darüber streuen.

Das besondere Rezept

Königsberger Klopse

Für 2 Portionen

1 große Zwiebel
1 Brötchen
500 g gemischtes Hackfleisch
2 Eier
4 TL Kapern
1 Messerspitze Majoran
50 g Butter
40 g Mehl
1/2 l Fleischbrühe
100 ml Sahne
1 Eigelb
1 EL Zitronensaft
Salz, Pfeffer
Zucker

Die Klopse können auch mit 2 Teelöffeln, die man immer wieder ins kalte Wasser taucht, geformt werden. Sie dürfen nicht zu groß werden, da sie in der Sauce mehr ziehen als kochen sollen.

1 Die Zwiebel abziehen und fein würfeln. Das Brötchen einweichen und mit Hackfleisch durch den Wolf drehen.

2 Eier, 2 TL Kapern, Majoran, Salz und Pfeffer hinzugeben und durchkneten. Mit nassen Händen kleine Klopse formen.

3 Butter zerlassen, das Mehl darin hellgelb anschwitzen. Die kalte Fleischbrühe hinzugeben, gut verrühren und aufkochen.

4 Die Klopse in die Sauce legen, 15 Minuten ziehen lassen. Sahne, Eigelb, 2 TL Kapern in die Sauce rühren, mit Salz, Zitrone und Zucker abschmecken.

Kardamom

Kardamom, der schon in den Gärten Babylons wuchs, und mit anderen Gewürzen auf Tontafeln verzeichnet war, gehört wie Ingwer, Galgant und Kurkuma zu der tropischen Pflanzenfamilie der Ingwergewächse. Seine Samen sind jedoch teurer als die seiner Verwandten, da sie erst drei Jahre nach dem Einsetzen der Pflanzen geerntet werden können, und der Zeitpunkt ihrer Ernte genau abgepasst werden muss: Wartet man nur ein wenig zu lange mit der Ernte, sind die Früchte aufgesprungen und die Samen verloren. Der überwiegende Anteil des Kardamomangebots kommt aus Indien, die fleißigsten Verbraucher sind jedoch die Schweden, die das exotische Gewürz in ihren Backwaren sowie in ihren Glühwein- und Punschgetränken verarbeiten.

Anwendung in der Küche

Kardamom ist teuer, doch er ist seinen Preis wert. Kaum ein anderes Gewürz erreicht sein ausgewogenes Aroma. Mit Kardamom kann man sowohl süßen als auch salzigen Geschmack verfeinern. Er gehört zu den Standardbestandteilen von Currypulver, indischem Garam masala und den meisten Glühweingewürzmischungen. In arabischen Ländern verwendet man ihn zum Würzen von Kaffee und Obst, in Ostfriesland zum Würzen von Tee, in Schweden zum Würzen von Punsch. Die chinesische und indische Küche schätzen ihn zu Fleisch- und Gemüsegerichten, in Deutschland wird er vor allem bei der Herstellung von Spekulatius und Lebkuchen verwendet.

Kardamom gehört zu den Gewürzen mit uralter Geschichte. In Indien war er schon vor der Entwicklung der Schriften bekannt.

Generell passt das Aroma von Kardamom zu allen süßen Gerichten beziehungsweise zu Desserts, die Kaffee enthalten. Aber auch mit Zimt und Nelken entfaltet er bei Obstsalaten und Kompotten sein sanftes Aroma.

Im Handel werden weißer und grüner Kardamom angeboten. Die weiße Variante ist ein Bleichprodukt, das geschmacklich nur noch wenig zu bieten hat. Kaufen Sie am besten die ganzen Kardamomfrüchte in ihren dünnen Schalen. Diese natürliche Verpackung verhindert das Abdampfen der flüchtigen ätherischen Öle und bewahrt damit das Aroma.

Die Wirkstoffe

Der ausgewogen runde Geschmack des Kardamoms ist bedingt durch eine überdurchschnittlich hohe Anzahl von fetten Ölen: Cineol, Terpinylacetat, Borneol, Geraniol, Nerolidol, Pinen, Limonen und viele andere. Diese Öle haben unterschiedliche medizinische Wirkungen.

So verbessern sie die Verdauungstätigkeit und helfen bei Blähungen und dem so genannten Roemheld-Syndrom (Herzbeschwerden infolge von Blähungen: Herzrhythmusstörungen, Beklemmungsgefühl, Angina pectoris). Diese Öle wirken am besten mit Kümmel und Fenchel.

Darüber hinaus entfalten die Kardamomöle einen angenehmen Wärmeeffekt im Magen-Darm-Bereich, der sich auch positiv auf unsere Psyche auswirkt. Limonen erhöht in Leber und Dünndarm die Aktivität von Entgiftungsenzymen, dadurch eignet sich Kardamom zur Therapie von Katerbeschwerden nach durchzechten Nächten.

Unter Wissenschaftlern gilt Limonen außerdem als wirkungsvolles Vorbeugungsmittel gegen Krebs.

Kaufen Sie am besten ganze Kardamomfrüchte, aus denen Sie dann den Samen bei Bedarf herausschälen können. Die Schale bewahrt nicht nur das Aroma, sie bewahrt uns auch vor Fälschungen im Gegensatz zum gemahlenen Kardamompulver.

Die medizinischen Wirkungen

Kardamom unterstützt die Therapie und hilft vorbeugend bei

- Blähungen
- Kater nach durchzechten Nächten
- Roemheld-Syndrom
- Verdauungsträgheit

Kardamom und Ayurveda

Kardamom spielt in der Ayurvedalehre eine zentrale Rolle. Er stärkt unsere Verdauungskraft Agni und sorgt für ein angenehmes Wärmegefühl. Er dämpft Kapha und Vata, wirkt dadurch schleimlösend auf die Atemwege und fördernd auf die Hautdurchblutung. Außerdem zählt er zu den Nahrungsmitteln mit stark sattvischem Charakter, sorgt demzufolge bei regelmäßigem Gebrauch für geistige Frische und ein gutes Gedächtnis.

Kardamom gehört auch zu den Entgiftern: Eine Prise reicht aus, um die negativen Folgen schwer verdaulicher oder säurelastiger Nahrungsmittel wie Fleisch, Kaffee und Kuchen aufzuheben.

Würziger Rahmtee

Zum Anregen, nicht zum Aufregen
Für 6 Portionen

1 l Wasser · 4 gestrichene TL Gunpowdertee (grüner Tee) 1 gestrichener TL Natron · 1 1/2 l Milch · 1 gestrichener TL gemahlener Kardamom · 1 Becher Sahne

Beim Rahmtee handelt es sich um ein Rezept nach afghanischer Teesitte. Er schmeckt nicht nur gut und erfrischend, sondern beeindruckt auch durch sein Farbenspiel.

1 Das Wasser zum Kochen bringen, Tee und Natron hinzufügen. Alles zusammen 10 Minuten kochen lassen, danach abseihen.
2 Ein zweites Gefäß bereitstellen und 2 EL kaltes Wasser hineingeben. Den Teesud in langem Strahl in dieses Gefäß laufen lassen. Heben Sie dabei das Gießgefäß immer wieder auf und ab, wiederholen Sie diese Prozedur 7- bis 8-mal. Durch die intensive »Durchlüftung« wird der Tee eine rotweinähnliche Farbe annehmen.
3 Diesen Teesud in die Milch gießen, wobei sich das Ganze kräftig rosa verfärben sollte. Mit Kardamom würzen und das Ganze nochmals erhitzen. Auf die einzelnen Tassen verteilen und jeweils mit einem Häubchen Schlagsahne krönen.

Kardamomcreme in Papaya

Zur leichten Verdauung, für geistige Frische
Für 2 Portionen

2 Papayas · 50 ml Milch · 30 g brauner Zucker 1 gestrichener TL gemahlener Kardamom · 3 Blatt weiße Gelatine · Zitronensaft (Menge nach Belieben) · 125 g Sahne

1 Die Papayas waschen, der Länge nach halbieren und entkernen. Das Fruchtfleisch herauslösen und pürieren. Die beiden Schalenhälften aufheben.
2 Die Milch mit Zucker und Kardamom kurz aufkochen, anschließend 10 Minuten ziehen lassen.
3 Die Gelatine in kaltem Wasser einweichen, dann in der Kardamommilch auflösen.
4 Die Gelatine-Milch-Mischung mit dem Papayapüree verrühren, mit Zitronensaft abschmecken, kalt stellen.
5 Die Sahne steif schlagen. Wenn die Milch-Papaya-Masse anfängt zu gelieren, die Sahne unterheben.
6 Nochmals kalt stellen, dann kräftig durchrühren. In einen Spritzbeutel mit Sterntülle füllen und in die beiden Schalenhälften füllen.

Das besondere Rezept

Putenschnitzel mit Kardamom-Knoblauch-Füllung

Für 4 Portionen

3 Knoblauchzehen
1 gestrichener TL gemahlener Kardamom
1 Messerspitze gemahlener Zimt
Olivenöl
4 Putenschnitzel
Pfeffer
Salz
Crème fraîche

1 Die Knoblauchzehen abziehen, mit etwas Salz und Pfeffer zerdrücken, mit Kardamom, Zimt und 1 Teelöffel Olivenöl vermischen. In die Schnitzel an mehreren Stellen kleine Taschen einschneiden und die Gewürzmischung hineindrücken.

2 Die Schnitzel mit etwas Olivenöl in der Pfanne braten, mit Kroketten oder Reis servieren. Reichen Sie dazu Crème fraîche.

Kardamom ist sehr vielseitig. Er sollte auch bei uns nicht nur für süße, sondern auch für pikante Gerichte verwendet werden.

Knoblauch

Der Knoblauch gehört zu den ältesten Heilpflanzen der Welt. In der altindischen Medizin galt er als Kräftigungsmittel, auch die Ägypter gaben beim Bau der Cheopspyramide ihren Arbeitern reichlich Knoblauch zu essen, um sie bei Kräften zu halten. Er war ein unentbehrliches Nahrungsmittel. Allerdings ist aus alten Quellen bekannt, dass Knoblauch vorwiegend vom einfachen Volk gegessen wurde. Die gehobenen Schichten bevorzugten andere Nahrungsmittel, denn sie empfanden den Geruch von Knoblauch als vulgär. Doch leisteten die Ägypter ihre Eide unter Anrufung von Knoblauch und Zwiebel, wie Plinius d. Ä. in seiner »Naturgeschichte« schreibt. Knoblauch war auch ein wesentlicher Bestandteil der Nahrung für die Juden in der Babylonischen Gefangenschaft. Heute sind seine gesundheitlichen Vorzüge wissenschaftlich erwiesen, vor allem seine Wirkungen auf das Herz-Kreislauf-System sowie auf bakterielle und virale Infektionen.

Anwendung in der Küche

Der »Knoblauchdreiklang« der Wirkstoffe Alliin, Allicin und Ajoen ist einmalig in der Natur. Der Wirkstoff Alliin ist zwar auch in der Zwiebel vorhanden, doch nur im Knoblauch wird er weiter zu Allicin und Ajoen umgebaut.

Knoblauch schmeckt scharf und sehr intensiv. Der von ihm verströmte Atem- und Körpergeruch ist seit 5000 Jahren umstritten. Allerdings spielt Knoblauch in zwei der führenden Küchen der Welt – der französischen und der chinesischen – eine zentrale Rolle.

Die frischen Zehen passen zu Fisch, Muscheln, Wurst, Saucen und vor allem zu Hammelbraten. Salze, Granulate und Pulver aus Knoblauch sind sowohl medizinisch als auch kulinarisch ohne Bedeutung. Besorgen Sie sich daher stets die frischen Knollen aus dem Gemüseladen!

In den Apotheken gibt es mittlerweile zahlreiche – zum Teil geruchlose – Präparate des Knoblauchs. Ihre medizinische Wirkung muss in den meisten Fällen stark angezweifelt werden, vor allem dann, wenn der Knoblauch – ohne wissenschaftlich nachvollziehbaren Anlass – mit anderen Heilpflanzen zur Stärkung des Herz-Kreislauf-Systems (wie z. B. Weißdorn, Johanniskraut, Mistel) vermischt wird.

Die Wirkstoffe

Die wichtigsten Heilstoffe des Knoblauchs sind Alliin, Allicin und Ajoen. Alliin hemmt zahlreiche Enzyme, die sonst den Blutfettspiegel nach oben treiben würden, so dass es erst gar nicht zur Synthese von Cholesterin kommen kann.

Das Sulfid Allicin ist nicht nur für den unverwechselbaren Geruch der Knollen verantwortlich, es wirkt auch antibiotisch. Schon Louis Pasteur fand das im Jahr 1858 heraus. So unterdrückt Allicin selbst in niedrigen Konzentrationen das Wachstum von Bakterien, Bazillen, Pilzen und Hefen: Ein Milligramm Allicin wirkt genauso wie 10 Mikrogramm Penicillin, ohne dessen Nebenwirkungen zu besitzen. Darüber hinaus soll es das Wachstum von Krebszellen hemmen, wobei hier neben der Wirkung von Allicin auch noch andere Schwefelverbindungen eine Rolle spielen.

Ajoen wird in der Pflanze aus dem Allicin gebildet. Es ähnelt in seiner Wirkung dem Aspirin. Ajoen kann Blutgerinnungsvorgänge in den Arterien und das Risiko von gefährlichen Arterienverschlüssen in Herz, Lunge und Gehirn herabsetzen.

Damit Knoblauch seine medizinischen Wirkungen entfalten kann, muss er täglich in Mengen von etwa 4 g verzehrt werden. Das entspricht 1 bis 2 Knoblauchzehen.

Die medizinischen Wirkungen

Knoblauch unterstützt die Therapie und hilft vorbeugend bei

- Amöbenruhr
- Angina pectoris
- Arteriosklerose
- Asthma bronchiale
- Bluthochdruck
- Bronchitis
- Darmentzündungen
- Durchblutungsstörungen
- Durchfall
- grippalen Infekten
- Herzinfarkt
- Koliken
- Krebs
- Schlaganfall
- verschiedenen Wurmarten
- Verstopfung

Knoblauch und Ayurveda

Die würzigen Zehen stärken Agni, die Verdauungskraft des einzelnen Menschen. Dadurch helfen sie vor allem Menschen mit einem Überhang an Vatakräften, die geistig und muskulär aktiv, von ihrer Verdauung her jedoch eher träge sind. Darüber hinaus befreit uns Knoblauch von körperlichen und geistigen Schlacken.

Zitronen-Knoblauch-Drink

Gegen grippale Infekte und akute Bronchitis
Für 1 Portion

1/2 Zitrone · 1 Knoblauchzehe · 1 TL Honig · 150 ml Wasser

Der Knoblauch-Zitronen-Drink sollte am besten schon zum Einsatz kommen, wenn Sie das Herannahen einer Erkältung verspüren. In diesem Fall können sie möglicherweise sogar das Ausbrechen der Erkrankung verhindern.

1 Die Zitrone auspressen und den Saft mit heißem (nicht kochendem!) Wasser übergießen.
2 Die Knoblauchzehe abziehen, hineinpressen und den Honig zugeben, gut verrühren.
Eine schnelle Hilfe, wenn Sie der Schnupfen erwischt hat! Trinken Sie mehrmals am Tag eine Tasse.

Brotaufstrich aus Brunnenkresse und Knoblauch

Zur Kräftigung der Immunabwehr
Für 2 Portionen

300 g Magerquark · 200 ml saure Sahne · 1/2 Zwiebel · 2 EL gehackte Brunnenkresse · 1 Knoblauchzehe · Salz · Pfeffer

1 Den Quark in einer Schüssel glatt rühren, die saure Sahne hinzufügen. Die Zwiebel abziehen und mit der Brunnenkresse sehr fein hacken. Den Knoblauch abziehen und den Saft mit der Knoblauchpresse in den Quark träufeln.
2 Die Zwiebel, die Brunnenkresse und die Quarkmischung verrühren, mit Salz und Pfeffer abschmecken. Passt besonders gut zu Pumpernickel.

Leichte Knoblauchmayonnaise zur Salatgarnitur

Zur leichteren Verdauung am Abend
Für 6 Portionen

125 g Magerquark · 2 Eier · 2 EL Weinessig 2 TL mittelscharfer Senf · 4 Knoblauchzehen · Salz weißer Pfeffer

1 Den Quark, die Eier, den Essig und den Senf in den Mixer geben, den Knoblauch abziehen und dazu pressen.
2 Auf hoher Stufe alles 3 Minuten mischen. Mit Salz und frisch gemahlenem Pfeffer würzen.

Tip Die Knoblauchmayonnaise schmeckt am besten als Dressing zu Salaten mit Eiern, Schafskäse, Artischocken, Oliven, Weißkohl und grünem Salat.

Das besondere Rezept

Knoblauchsuppe mit Brotwürfeln

Für 2 Portionen

1/2 Gemüsezwiebel
4 Knoblauchzehen
2 EL Pflanzenöl
200 ml Gemüsebrühe
2 EL Essig
300 ml Sahne

Salz
Pfeffer
2 Scheiben Vollkornbrot (ca. 100 g)
20 g Butter
1 Bund Schnittlauch

1 Die Zwiebel und den Knoblauch abziehen, fein würfeln und im erhitzten Pflanzenöl dünsten.
2 Brühe, Essig und Sahne hinzufügen, mit Salz und Pfeffer würzen. Das Ganze 15 Minuten bei mittlerer Hitze kochen lassen.
3 Das Brot entrinden, würfeln und in einer Pfanne mit der geklärten Butter rösten, bis die Würfel knusprig braun sind. Schnittlauch fein hacken und auf der fertigen Suppe verteilen.

Knoblauchsuppe ist zwar auch schweißtreibend, aber wichtiger ist die Wirkung bei körperlicher und geistiger Entschlackung.

Koriander

Die ursprüngliche Heimat des Korianders ist wahrscheinlich die Mittelmeergegend, doch wird er bereits in der uralten Sanskritliteratur besprochen. Seit Jahrtausenden würzt man in Indien und China damit. In den Papyrusrollen der Pharaonen ist er genannt, und sogar die Bibel erwähnt ihn: »Und Manna war wie weißer Koriandersamen.« Griechen und Römer benutzten Koriander als Würze für Wein, Brot und Fleisch, und Hippokrates verordnete ihn als Medikament gegen Kopfschmerzen und Verdauungsstörungen. Heute wird Koriander weltweit angebaut. Zu den führenden Anbietern gehören Russland, Indien sowie Mittel- und Südamerika.

Anwendung in der Küche

Die Blätter und die unreifen Früchte des Korianders verströmen einen üblen Geruch, der es schwer macht, den Koriandersamen als Gewürz mit fast universalen Würzeigenschaften zu akzeptieren. Doch die ausgereiften Samen – die geerntet werden, wenn sie mit Tau bedeckt sind – besitzen ein süßes, würzig-holziges Aroma mit einem Hauch von Pfeffer und Balsam. Sie schmecken mild und süß – an Lavendel erinnernd –, bei längerer Einwirkung ein wenig beißend.

Der Korianderextrakt ist in zahlreichen Präparaten für Magen- und Darmstörungen enthalten. Er wird gerne mit Weißdorn kombiniert, wenn sich Magenstörungen in Form von Angina-pectoris-Anfällen, Rhythmusstörungen oder Beklemmungen des Herzens zeigen.

Koriander eignet sich für pikante wie für süße Gerichte. Er gehört zu den Standardbestandteilen von Currypulver und wird daher in Indien und China für Gemüse- und Fleischgerichte verwendet. Auch im Nahen Osten, in Spanien sowie Mittel- und Südamerika wird er den unterschiedlichsten Speisen zur Abrundung beigegeben, in Frankreich verarbeitet man ihn in Gemüsesuppen »à la grècque«.

Koriander ist ein ideales Gewürz zum Experimentieren, denn sein Aroma ist mild, so dass mit ihm nahezu jede Speise gelingen wird.

Im Handel bekommt man den indischen Koriander »vulgaris« sowie die russische Sorte »microcarpum«. Die russischen Koriandersamen sind kleiner, enthalten aber mehr ätherische Öle.

Die Wirkstoffe

Koriander enthält zahlreiche ätherische Öle, die nicht nur zu seinem typischen Geschmack beitragen, sondern auch seine medizinischen Wirkungen bestimmen: Linalool, Pinen, Camphen, Phellandren, Estragol, Anissäure und viele andere.

Die Öle verbessern die Verdauungstätigkeit und steigern den Appetit, helfen auch bei Blähungen. Einige der ätherischen Korianderöle erhöhen in Leber und Darm die Aktivität von Entgiftungsenzymen, daher eignet sich Koriander zur Therapie nach zu großem Alkoholgenuss. Dieser Effekt wird durch seine Magen besänftigenden Eigenschaften verstärkt.

Der Wirkstoff Estragol hilft bei Reizmagen, Blähungen und Appetitstörungen.

Die positive Wirkung der ätherischen Öle auf Migräne und andere Kopfschmerzen ist unter Wissenschaftlern umstritten. In der Volksmedizin wird Koriander dafür eingesetzt.

Der üble Geruch des frischen Korianderkrautes und seiner Samen verschaffte der Pflanze den Volksnamen Wanzendill. Auch der griechische Wortstamm von Koriander (Koris = Wanze) verweist auf sein Aroma, das an den alten Küchenparasiten erinnert. Doch beim reifen Samen ist davon nichts mehr zu spüren.

Die medizinischen Wirkungen

Koriander unterstützt die Therapie und hilft vorbeugend bei

- Appetitlosigkeit
- Blähungen
- Erbrechen
- Darmkoliken
- Gastritis
- Katerbeschwerden
- Kopfschmerzen
- Reizmagen

Koriander und Ayurveda

Wie fast alle Gewürze unterstützt Koriander unsere individuelle Verdauungskraft Agni. Dadurch hilft er bei der Beseitigung von körperlichen und geistigen Schlacken. Außerdem wirkt er angsthemmend, vor allem bei Lampenfieber. Von größerer Bedeutung ist aber, dass Koriander alle drei Doshas zu dämmen versteht, ein Effekt, der nur selten erwünscht ist. Daher sollte Koriander immer mit Gewürzen oder Speisen kombiniert werden, die auf mindestens ein Dosha stärkend wirken. Zur Behandlung kaphalastiger Menschen mit Neigung zur Lethargie empfiehlt sich eine Mischung aus Kurkuma und Koriander, während hektische Vatamenschen eher auf Bockshornklee oder Anis mit Koriander setzen sollten.

Koriandertee

Bei Gastritis und akuten Blähungen

2 TL gemahlene Koriandersamen · 200 ml Wasser

1 Die Samen mit kochendem Wasser übergießen, 10 Minuten ziehen lassen.

2 Durch ein Sieb gießen. Trinken Sie drei bis vier Tassen täglich, bei Bedarf kann auch mehr getrunken werden.

Gurken mit Koriander-Joghurt-Sauce

Als verdauungsfördernde Vorspeise
Für 4 Portionen

2 Salatgurken · 1 TL Ghee (Butterreinfett) · 1 Messerspitze schwarzer Pfeffer · 1 TL gemahlener Koriander · 1 Knoblauchzehe · 1 EL Zitronensaft · 250 g Vollmilchjoghurt · Salz

1 Ghee in einer kleinen Pfanne erhitzen und alle Gewürze darin kurz anrösten. Die Knoblauchzehe abziehen und dazupressen. Abkühlen lassen.

2 Die Gurken waschen, schälen und raspeln. Den Joghurt dazugeben und mit Salz abschmecken. Zum Schluss die Gewürzmischung unterrühren.

Rote-Bete-Salat mit Koriander und Nüssen

Zum Appetit anregen
Für 4 Portionen

Rote Bete und Koriander sind nicht nur geschmacklich eine ideale Kombination. Rote Bete wirkt Blut bildend und passt dadurch bei der Behandlung einer schwachen Konstitution ausgezeichnet zu Koriander.

*4 Rote Bete · 2 Äpfel, am besten Cox Orange · 1/4 Knolle Sellerie · 2 Tassen Weizensprossen · 1 Tasse gehackte Brunnenkresse · 200 g Joghurt, (Fettstufe nach Belieben)
3 EL Zitronensaft · 1 TL gemahlener Koriander
8 Walnusskerne · Salz · Pfeffer*

1 Die Rote Bete waschen, schälen, fein raspeln. Die Äpfel waschen, vierteln, entkernen und in kleine Scheibchen schneiden. Den Sellerie schälen und grob raspeln. Alles zusammen mit Weizensprossen und Kresse vermischen.

2 Für die Sauce Joghurt und Zitronensaft miteinander vermischen, dann Koriander hinzufügen und mit Salz und Pfeffer abschmecken.

3 Walnüsse klein hacken und nach Belieben über die einzelnen Portionen streuen.

Das besondere Rezept

Schweinefilet mit Koriander und Rotwein

Für 2 Portionen

500 g Schweinefilet
30 ml Olivenöl
Salz
Pfeffer

100 ml Rotwein, nicht zu trocken
2 TL gemahlener Koriander

1 Das Fleisch in Würfel schneiden und in einer Pfanne mit Olivenöl anbraten. Mit Salz und Pfeffer würzen.

2 Den Wein darüber gießen, kurz aufkochen, das Fleisch zugedeckt 20 Minuten bei schwacher Hitze köcheln lassen.

3 Koriander dazugeben, die Flüssigkeit nochmals etwa 20 Minuten bei schwacher Hitze einkochen lassen. Das Fleisch muss zart sein, vom Wein darf nicht mehr viel übrig sein.

4 Reichen Sie dazu Salzkartoffeln oder Salat.

Anstelle des Schweinefilets können Sie auch Putenfilets verwenden. Dann sollten Sie Weißwein nehmen und eine Prise Ingwer hinzugeben.

Kresse

Die hier zu Lande bekanntesten Kressearten sind Brunnen-, Garten- und Kapuzinerkresse. Die Gartenkresse ist am leichtesten anzubauen, am therapeutisch wirksamsten ist die Kapuzinerkresse. Heute schätzt man beide Kressearten aufgrund ihres scharfen Geschmacks und ihrer antibiotischen Wirkungen. Die Brunnenkresse wächst in allen gemäßigten Klimabereichen an sauberen Bächen und Quellen wild. Schon den Ärzten des Altertums war sie bekannt. Bereits im 14. Jahrhundert wurden in Frankreich Anbaugebiete angelegt, später in Holland. Seit Mitte des 17. Jahrhunderts befinden sich die berühmtesten Kulturen an den warmen Quellen in Dreibrunnen bei Erfurt. Die Brunnenkresse wird dort von Oktober bis Mai geerntet. Zu Zeiten der DDR-Regierung wurde sie in großen Mengen nach Frankreich exportiert.

Anwendung in der Küche

Garten- und Brunnenkresse können Sie selbst anbauen. Zum Trocknen legen Sie die Blätter auf ein Siebgitter in einem trockenen, schattigen und staubfreien Raum. Nach dem Trocknen kommt die Droge in einen sauberen und geruchlosen Behälter (kein Plastik). Dort hält sie sich mehrere Monate. Zum Würzen ist allerdings das frische Kraut besser geeignet.

Die Kapuzinerkresse eignet sich vor allem zur Teezubereitung, wenn Sie unter starkem Husten leiden. Für die Küche sind dagegen Brunnen- und Gartenkresse besser geeignet, ihr Geschmack ist weniger scharf und penetrant. Heutzutage werden von der Gartenkresse vorwiegend die kleinen Keimblätter verwendet.

Leider wird die Brunnenkresse in Deutschlands Küchen nur wenig beachtet, während sie in der Nouvelle Cuisine Frankreichs zu einer unentbehrlichen Größe geworden ist. Dort isst man sie als Salat und – mit Zitronensaft beträufelt – als rohes Gemüse zu Braten, Steaks und Schnitzeln. Ferner eignet sie sich als Gewürz zu Butterbrot, weißem Käse, Quark, Tomaten und harten Eiern. Räucherfisch und Meeresfrüchte können mit Brunnenkresse als Beilage zum unvergesslichen Erlebnis werden. Brunnenkresse schmeckt am besten frisch mit etwas Zitronensaft beträufelt. Zu den echten Delikatessen gehört Brunnenkresse, wenn sie mit frischem Ingwer zubereitet wird, gleich ob roh oder gedünstet.

Die Wirkstoffe

Zu den wichtigen Wirkstoffen der Kresse zählen das Senföl Benzyl-Isothiozyanat, Vitamin C sowie die Karotinoide. Das Senföl der Kresse besitzt starke antibiotische Kraft. Der Verzehr von 10 Gramm Kapuzinerkresse ist gleichbedeutend mit 20 Milligramm antibiotischen Inhaltsstoffen, die sich im Organismus in den Harn- und Atemwegen bemerkbar machen. Benzyl-Isothiozyanat unterdrückt die Vermehrung von Mikroorganismen. Die Senföle der Kresse wirken also antibiotisch, ohne dass unser Körper übermäßig belastet würde.

Vitamin C wird für unser Immunsystem benötigt, außerdem schützt es die Blutgefäße vor gefährlichen Cholesterinablagerungen. Die Karotinoide wirken antibiotisch, Krebs hemmend und schützen vor dem Angriff freier Radikaler. Die Kresse enthält im Durchschnitt etwa 2000 Mikrogramm auf 100 Gramm.

Alle Kressearten haben einen hohen Kalziumanteil. Das Mineral wird vor allem für den Aufbau von Zähnen und Knochen benötigt. Als Kalziumversorger muss man Kresse jedoch in größeren Mengen verzehren.

Die antibiotischen Wirkungen der Senföle wurden in zahlreichen Studien belegt. Neben der Kresse findet man sie vor allem im Meerrettich.

Die medizinischen Wirkungen

Die Kresse unterstützt die Therapie und hilft vorbeugend bei

- Abwehrschwäche
- Arteriosklerose und und ihren Folgeerkrankungen
- Bronchitis
- grippalen Infekten
- Harnwegeentzündungen
- Husten
- Krebs
- Nierenentzündung
- Schnupfen

Kresse und Ayurveda

Kapuzinerkresse ist leicht anregend und Energie spendend, gut geeignet zum Beheben vorübergehender Erschöpfungszustände. Sie muss jedoch sparsam dosiert werden, sonst kann es durch ihre scharfen Senföle zu einer übermäßigen Stärkung der Vatakräfte und dadurch zu Ängsten, Spannungen und Nervosität kommen. Bei Brunnen- und Gartenkresse bestehen aufgrund ihres niedrigen Senfölgehalts kaum Gefahren der Überdosierung.

Teeaufguss

Gegen Husten

25 g getrocknete Kapuzinerkresse · 1 l Wasser

1 Die Kresse mit kochendem Wasser übergießen, 10 Minuten lang zugedeckt ziehen lassen.
2 Durch ein Sieb gießen. Trinken Sie von dem Tee jeweils eine Tasse zu den Mahlzeiten.

Tip Vergessen Sie nicht, den Tee bei Bedarf etwas zu erwärmen. Am besten halten Sie ihn in einer Thermoskanne warm. Dieser Tee enthält zwar kaum noch Vitamin C, dafür aber viel Kalzium und antibiotisches Benzyl-Isothiozyanat und ist daher trotz des Vitaminverlustes noch hochwirksam.

Kalte Kressesauce mit Kartoffeln

Für eine gesunde Blase
Für 2 Portionen

500 g Kartoffeln · 100 g Magerquark · 150 g Joghurt oder Schmand · 2 EL gehackte Brunnenkresse · 1 Knoblauchzehe 30 g Butter · Salz

Die Kombination von Kresse und Kartoffeln verstärkt die Wirkung der beiden gesundheitsfördernden Nahrungsmittel.

1 Die Kartoffeln waschen, in der Schale dämpfen. Für die Sauce Quark, Joghurt und Kresse miteinander vermischen. Den Knoblauch abziehen und den Saft dazupressen.
2 Zum Schluss die Butter schaumig rühren und langsam unter die Sauce heben.
3 Die geschälten Kartoffeln und die Sauce getrennt servieren.

Brunnenkresse mit Ingwer

Eine köstliche Beilage für einen gesunden Darm

2 EL Sonnenblumenöl · 1 EL geriebene Ingwerwurzel 500 g Brunnenkresse · 2 EL Sojasauce

1 Das Öl erhitzen, den Ingwer etwa 2 Minuten in einer heißen Pfanne rühren.
2 Die sorgfältig gewaschene und trockengetupfte Brunnenkresse hinzufügen und 1 Minute unter ständigem Rühren dünsten, bis das Kraut weich ist.
3 Die Pfanne vom Herd nehmen und mit der Sojasauce würzen. Salz und Pfeffer sind überflüssig.

Das besondere Rezept

Kressesalat à la Brünne

Für 2 Portionen

5 lange Stängel Brunnenkresse
je 5 mittelgroße Endivien- und Chinakohlblätter
3 EL Olivenöl
3 EL Zitronensaft
Muskat
Salz, Pfeffer

1 Die Brunnenkresse, die Endivienblätter und den Chinakohl waschen, trockentupfen, hacken und miteinander vermischen.
2 Für die Sauce in einem Schälchen das Olivenöl, den Zitronensaft und die Gewürze (Menge nach Belieben) so verrühren, dass eine sämige Mischung entsteht.
3 Den Salat dekorativ auf zwei Teller verteilen und mit der Sauce übergießen. Reichen Sie dazu Weißbrot und einen milden Weißwein.

Kresse ist nicht nur leicht verdaulich, sondern hat noch einen weiteren Vorteil: Sie sorgt dafür, dass wir am nächsten Morgen mit einem besseren Geschmack im Mund aufstehen. Probieren Sie es aus!

Kreuzkümmel

Ursprüngliche Heimat des Kreuzkümmels ist Turkestan. Heute wird er überwiegend am Mittelmeer, in Ägypten, in Nordafrika und in Indien angebaut. Es gibt verschiedene Arten von Kreuzkümmel, deren Samen auch unterschiedliche Farben und Würzstärken haben. In unseren Küchen wird er recht selten verwendet, man verwechselt ihn gerne mit dem bei uns üblichen Kümmel (Carvum carvi). Zwischen beiden besteht zwar eine botanische Verwandtschaft, doch in Bezug auf Geschmack und psychische und medizinische Wirkungen bestehen deutliche Unterschiede.

Anwendung in der Küche

Kreuzkümmel verwendete man im Mittelalter als Pfefferersatz, doch seither spielt er hier zu Lande keine besondere Rolle mehr. Dies liegt an seinem starken und schweren, zwischen Süße und Säuerlichkeit hin- und herpendelnden Aroma sowie an seinem durchdringenden, leicht bitteren Geschmack. Für die deutsche Küche ist er daher nur sehr begrenzt einsetzbar.

Anders bei der indischen, türkischen und marokkanischen Küche! Hier zählt Kreuzkümmel zu den Standardgewürzen. Er gehört zu den Bestandteilen von Gewürzmischungen wie Currypulver, Panch phoron und Garam masala. Man stellt auch in Indien ein traditionelles Getränk aus gemahlenem Kreuzkümmel und anderen Gewürzen her. In Marokko wird der Kreuzkümmel als Wurst- und Brotgewürz verwendet, auch zu Hammel, Hühnerfleisch, Auberginen und Joghurt; in der Türkei findet man ihn in Hackfleisch- und Gemüsegerichten. Doch auch die Texaner würzen mit ihm ihr Chili con carne.

Gemahlener Kreuzkümmel verliert schnell an Aroma. Kaufen Sie daher nur die ganzen Samen, die dann bei Bedarf im Mörser zerstoßen werden können.

In Deutschland erhält man in der Regel den weißen Kreuzkümmel, der in der indischen Küche als Safaid jeera bezeichnet wird. Der schwarze Kreuzkümmel Kala jeera wird allerdings nur selten angeboten.

Im antiken Ägypten setzte man Kreuzkümmel bei der Behandlung von Lungenerkrankungen ein, was man heute aufgrund seines hohen Thymol- und Cymolgehaltes nur bestätigen kann. Dennoch hat Thymian bei Atemwegserkrankungen die größere Wirkung.

Die Wirkstoffe

Im Kreuzkümmel sind zahlreiche ätherische Öle vertreten, vor allem Cuminaldehyd, Thymol, Cymen, Cymol und Perillaaldehyd. Sie wirken krampflösend auf die Muskeln im Magen-Darm-Bereich, helfen also bei Unterleibskrämpfen, Darmkoliken, Durchfall und Blähungen.

Durch seine Anteile an Thymol und Cymol wirkt der Kreuzkümmel ähnlich wie Thymian und Quendel bei Erkrankungen der oberen Atemwege. Aufgrund der wissenschaftlich belegten antibiotischen Eigenschaften hilft er bei Bronchitis, Erkältungen und Husten, allerdings nur in großen Mengen. Thymian hat wegen seiner höheren Thymolwerte die größere therapeutische Wirkung.

Schließlich üben die ätherischen Öle des Kreuzkümmels einen günstigen Einfluss auf die Hautdurchblutung aus. Im antiken Ägypten schätzten die Frauen ihn als Kosmetikum, das ihnen zu einem rosigen Teint verhalf.

Der schwarze Kreuzkümmel wird gerne mit dem Schwarzkümmel »Nigella sativa« verwechselt. Selbst in den indischen Anbaugebieten werden beide häufig als Kala jeera bezeichnet, obwohl sie aufgrund ihres Geschmacks und ihrer medizinischen Wirkungen sehr verschieden sind.

Die medizinischen Wirkungen

Kreuzkümmel unterstützt die Therapie und hilft vorbeugend bei

- Appetitlosigkeit
- Blähungen
- Bronchitis
- Darmkoliken
- Erkältungen
- Husten
- mangelnder Hautdurchblutung
- Menstruationskrämpfen
- Völlegefühl

Kreuzkümmel und Ayurveda

Die Ayurvedalehre stellt den Kreuzkümmel in die Nähe des Korianders. Er wirkt anregend auf unsere Verdauungskraft Agni sowie dämpfend auf die drei Doshas. Geschätzt werden die ausgleichenden Eigenschaften des Kreuzkümmels auf stark erhitzende Speisen und Gewürze wie gebratenes Fleisch, Käse, Paprika, Pfeffer und Chili. Auch soll er das Blut reinigen und die Gebärmutter kräftigen, er ist somit ein gutes Gewürz in der Begleitung von Schwangerschaften.

Kreuzkümmelaufguss

Bei Appetitmangel, Atemwegserkrankungen und Verdauungsstörungen

1 TL Kreuzkümmelsamen · 1/2 TL Ghee (Butterreinfett)
200 ml Wasser

1 Die Kreuzkümmelsamen mit etwas Ghee in der Pfanne anrösten, dann im Mörser zerstoßen.
2 Das Pulver mit heißem Wasser überbrühen und 10 Minuten zugedeckt ziehen lassen. Durch ein Sieb gießen.
3 Trinken Sie davon bei Appetitmangel vor und bei Verdauungsstörungen und Atemwegserkrankungen nach den Mahlzeiten jeweils eine Tasse.

Indischer Kartoffelsalat mit Kreuzkümmel und Korianderblättern

In der indischen Küche wird der Kreuzkümmel in der Regel leicht in Ghee angeröstet, um sein Aroma besser zur Entfaltung zu bringen und um ihm etwas von seiner geschmacklichen Strenge zu nehmen.

Bei Appetitmangel
Für 4 Portionen

2 TL Kreuzkümmelsamen · etwas Ghee (Butterreinfett)
1 Messerspitze Bockshornklee · 4 fest kochende Kartoffeln
2 Tomaten · 1/2 Zwiebel · 2 EL grob gehackte Korianderblätter · Salz · Pfeffer · 3 EL Zitronensaft

1 Die Kreuzkümmelsamen kurz in etwas Ghee anrösten, dann im Mörser zerstoßen. Mit dem Bockshornklee, etwas Pfeffer, 1 Teelöffel Salz und etwas Wasser verrühren und die Gewürzmischung beiseite stellen.
2 Die Kartoffeln waschen, ungeschält kochen, etwas abkühlen lassen, schälen und klein würfeln.
3 Die Kartoffeln in eine Schale geben und mit der Gewürzmischung übergießen. Gut durchmischen. Vorsicht, die Kartoffeln dürfen nicht zerfallen. 10 Minuten ziehen und abkühlen lassen.
4 Die Tomaten klein schneiden, die Zwiebel abziehen und sehr fein hacken. Zusammen mit den Korianderblättern zu den Kartoffeln geben.
5 Noch nicht durchrühren, sondern die Kartoffelschüssel mit Folie oder einem Deckel verschließen und 30 Minuten lang in den Kühlschrank stellen.
6 Vor dem Servieren den indischen Kartoffelsalat mit Zitronensaft beträufeln und gut durchmischen. Mit Salz und Pfeffer abschmecken.

Das besondere Rezept

Indischer Fladen mit Zwiebeln und Kreuzkümmel

Für 4 Portionen

100 g Kichererbsenmehl (Besan)
1 TL Pflanzenöl
1 gestrichener TL zerstoßener Kreuzkümmel
100 ml Wasser
2 kleine Zwiebeln
Salz
Pfeffer
Öl zum Backen

1 Das Mehl in eine große Schüssel sieben. Das Öl mit den Fingern in das Mehl hineinreiben, mit Kreuzkümmel sowie etwas Salz und Pfeffer vermischen. Langsam das Wasser hinzugießen und den Teig mit dem Mixer oder dem Kochlöffel rühren.

2 Den Teig 10 Minuten schlagen, bis er blass, hell und locker ist. Zugedeckt 30 Minuten gehen lassen.

3 Die Zwiebeln abziehen und in Ringe schneiden. Die Ringe in den Teig mischen.

4 Das Öl in der Pfanne erhitzen, den Teig in kleinen Portionen (1 gehäufter Esslöffel) in das heiße Öl gleiten lassen.

5 Die Fladen wenden und auf beiden Seiten goldbraun backen.

Für die Fladen können Sie anstelle der Zwiebeln auch Schalotten verwenden. Geben Sie dann noch eine Prise Bockshornklee in den Teig.

Kümmel

Kümmel ist vermutlich das älteste Gewürz der Welt. Man fand es in den Grabkammern der Pharaonen und entdeckte bei Ausgrabungen europäischer Pfahlbauten aus der Stein- und Bronzezeit (also vor etwa 5000 Jahren) Speisereste, die Kümmel enthielten. Kümmel zählt heute zu den Dauerbrennern der Pflanzenheilkunde. Allerdings wurde er erst recht spät als Heilmittel eingesetzt, die Griechen und Römer in der Zeit der Antike bevorzugten ihn noch als reines Gewürz. Im Mittelalter fand er schließlich als Heilpflanze bei Verdauungsbeschwerden immer mehr Verwendung. In dieser Funktion konnte er sich in den folgenden Jahrhunderten bis heute halten.

Anwendung in der Küche

Kümmel hat ein unverwechselbares Aroma, das warm und ein wenig bitter ist. Eine alte Regel lautet: Kümmel eignet sich für alle Speisen, die mit dem Buchstaben »K« anfangen; doch das hieße, seine wahren Möglichkeiten grob zu unterschätzen.

Im antiken Rom kannte man die gute Wirkung auf schwerverdauliche Speisen; man würzte damit Gemüse und Fisch. Legendär ist die Fischsauce des Apicius (um 10 n. Chr.) aus Kümmel, Oregano, Minze, Honig, Öl, Essig und Wein.

Im Mittelalter etablierte sich Kümmel in Suppen sowie in Kohl- und Bohnengerichten, deren Verdaulichkeit durch ihn deutlich verbessert wurde – bis heute. Daneben wird Kümmel bei Kartoffeln ebenso verwendet wie bei Gebäck und Fleisch. Er lässt sich auch mit Koriander, Knoblauch und Pfeffer kombinieren. Schließlich wird Kümmel zur Herstellung von Branntweinen und Schnäpsen verarbeitet. Zu den bekanntesten Getränken zählen Aquavit, Allach und Gilka; nicht zu vergessen die Klosterliköre, die ebenfalls alle Kümmel enthalten.

Kaufen Sie Kümmel im ungemahlenen Zustand. Auf diese Weise behält er auch bei längerer Lagerung sein Aroma. Kurz vor der Verwendung wird er dann im Mörser zerstoßen.

Beim Sammeln wird der Kümmel leicht mit dem Wiesenkerbel verwechselt. Wichtige Unterscheidungsmerkmale sind die stärker glänzenden Blätter des Kerbels sowie seine reinweißen, flachen Blütendolden (im Unterschied zu den rosa schimmernden, eingedellten Dolden des Kümmels).

Die Wirkstoffe

Unter den Wirkstoffen des Kümmels dominieren die beiden ätherischen Öle Carvon und Limonen. Interessant ist vor allem ihre Wirkung auf den Verdauungstrakt: Sie regen nämlich den Magen an, wirken aber beruhigend und krampflösend auf den Darm. Außerdem stabilisieren sie die Darmflora, nützliche Mikroorganismen werden gefördert, schädliche in ihrem Wachstum gehemmt.

Ärzte, die Naturheilkunde praktizieren, betonen immer wieder die positive Wirkung der Öle auf Störungen im Leber-Galle-Bereich und auf die Fettverdauung. Jüngere Untersuchungen zeigen schließlich, dass Limonen und Carvon eine antikanzerogene Wirkung besitzen, also das Wachstum von Krebstumoren hemmen. Dazu muss Kümmel allerdings täglich in großen Mengen verzehrt werden.

Den antiken Griechen und Römern waren die Kümmelsamen als Arzneimittel nicht bekannt. Die ersten schriftlichen Aufzeichnungen dazu stammen aus den »Kapitularien« Karls des Großen.

Die medizinischen Wirkungen

Kümmelsamen unterstützen die Therapie und helfen vorbeugend bei

- Blähungen
  Darmkoliken
- Dreimonatskoliken von Babys
- Magenschwäche
- Mundgeruch
- Verdauungsproblemen bei fetthaltigen Speisen

Außerdem eignet sich Kümmel zur Vorbeugung von Krebserkrankungen, vor allem von Tumoren im Darmbereich.

Kümmel und Ayurveda

Kümmel ist ein uraltes Gewürz zur Stärkung der Verdauungskraft Agni. Er eignet sich dadurch zur geistigen und körperlichen Entschlackung. Bei hohem Vata- und geringem Pittaanteil ist Kümmel ideal. Dies bedeutet, dass er zur psychischen und physischen Stabilisierung von Menschen beiträgt, die leicht erregbar, inkonsequent, spontan, triebhaft sind, die schlecht einschlafen, zu kalten Füßen und Händen neigen und die heiße Getränke, scharfe Speisen und Süßes lieben, aber schlecht vertragen. Insgesamt rät jedoch die Ayurvedalehre, den Kümmel nur sparsam einzusetzen!

Teeaufguss

Für die Verdauung

1 Esslöffel Kümmelsamen · 200 ml Wasser

1 Die Samen mit dem kochenden Wasser in einer großen Tasse übergießen. Etwa 12 Minuten ziehen lassen, abgießen.
2 Trinken Sie davon jeweils zu den Mahlzeiten eine Tasse. Dadurch wird die Verdauung angeregt, Blähungen und Völlegefühl werden bereits im Vorfeld verhindert.

Auflage

Gegen Darmkrämpfe

Kümmelsamen für 1 Leinensäckchen

1 Diese Kümmelsamen in ein Leinensäckchen füllen und im Wasser erwärmen.
2 Legen Sie dann das Säckchen für einige Minuten auf den schmerzenden Bauch.
Die Kümmelauflage hat sich vor allem bei den Koliken von kleinen Babys, die oft vom ersten bis dritten Lebensmonat stark darunter leiden, bewährt. Sie sollte mehrmals täglich wiederholt werden.

Kümmelsuppe

Anstelle von Ajowan können Sie der Kümmelsuppe auch Thymian beigeben. In diesem Fall müssen Sie jedoch eine etwas höhere Dosierung vornehmen.

Zur Aufmunterung in der heißen Jahreszeit
Für 2 Portionen

20 g fein geschroteter Roggen · 300 ml Wasser · 1 TL Gemüsebrühepulver (instant) · 2 TL zerstoßener Kümmel
1 Messerspitze Koriander · 1 Messerspitze Ajowan
4 EL Sahne · Salz

1 Den Roggen zwei Stunden lang in 50 ml Wasser einweichen. Die restlichen 250 ml Wasser kurz aufkochen, dann die Instant-Gemüsebrühe und den eingeweichten Roggen hinzugeben.
2 40 Minuten lang bei schwacher Hitze kochen lassen, dann die Gewürze hinzufügen.
3 Die Suppe etwa 30 Minuten abkühlen und nachquellen lassen. Zum Schluss die Sahne hineinrühren und eventuell noch einmal mit Salz abschmecken.
4 Kümmelsuppe wird am besten kalt gegessen; sie eignet sich zur nahrhaften Erfrischung im Hochsommer.

Das besondere Rezept

Kümmelkartoffeln für Eilige

Für 2 Portionen

500 g Kartoffeln
2 EL Olivenöl
1 TL zerstoßener Kümmel
1 Knoblauchzehe
100 g Bioghurt
Salz
Pfeffer

1 Kartoffeln waschen, schälen, in dünne Scheiben schneiden und in die Pfanne mit dem erhitzten Öl hineingeben.

2 Mit Kümmel, Salz und Pfeffer würzen. Knoblauch abziehen und pressen.

3 Die Kartoffelscheiben knusprig braten und am Schluss den Bioghurt darüber geben. Dies ist eine schnelle, gesunde und sättigende Mahlzeit! Reichen Sie dazu knackig frischen Salat.

Wer unter Appetitmangel leidet, sollte gegen dieses Übel vor den Mahlzeiten einige Kümmelsamen kauen.

Kurkuma

Kurkuma – auch Gelbwurz genannt – wird aus dem getrockneten Wurzelstock der Kurkumapflanze gewonnen. Sie zählt zu den beliebtesten Gewürzen, Farbstoffen und Heilmitteln Asiens und kam erst spät nach Europa, wahrscheinlich durch Marco Polo. Dieser verglich den Geschmack der Gelbwurz mit dem des Safrans und etablierte ihn damit als billigen Ersatz für den sündhaft teuren Safran. Allerdings kann die Gelbwurz den edlen Safranfäden kulinarisch nicht das Wasser reichen, aber als Färbemittel und in ihren medizinischen Wirkungen. Heute wird sie vorwiegend in China, Java und Peru angebaut.

Anwendung in der Küche

Kurkuma besitzt einen dezent aromatischen, pfeffrig-frischen Geruch, der ein wenig an Orangenschalen und Ingwer erinnert. Der Geschmack ist viel eindeutiger, denn er ist ausgesprochen scharf und bitter, erinnert stark an Moschus.
Gelbwurz zählt zu den Standardbestandteilen des Currypulvers, sie ist auch sonst unentbehrlich zum Würzen zahlreicher indischer, chinesischer und südasiatischer Gerichte. Hier zu Lande wird sie der Farbe wegen bei der Senfherstellung verwendet und als Würze bei eingelegten Früchten.

Die Wirkstoffe

Kurkuma wird in Indien in Form von Breiauflagen als Schönheitsmaske verwendet. Vor Nachahmung sei jedoch gewarnt, da diese Maske einen deutlich gelben Farbton auf der Haut hinterlässt.

Zu den wichtigsten Wirkstoffen der Gelbwurz gehören die gelben Farbstoffe Kurkumin, Mono- und Bisdesmethoxykurkumin sowie ätherische Öle wie Tumeron, Borneol und Cineol.
Diese Farbstoffe (das ist wissenschaftlich erwiesen) regen die Entleerung der Gallenblase an, außerdem schützen sie die in unserem Organismus kursierenden Fette vor dem Angriff aggressiver Sauerstoffmoleküle. Auch die ätherischen Öle greifen in die Fettverdauung ein, indem sie die Produktion fettverarbeitender Galle aus den Leberzellen anregt. All diese Effekte unterstützen nicht nur die Heilung von Gallenblasenentzün-

dungen, sie schützen auch unsere Arterien vor schädlichen Fettablagerungen. Kurkuma wirkt also bei der Vorbeugung gegen Arteriosklerose und ihre Folgeerkrankungen (Herzinfarkt, Schlaganfall). Darüber hinaus wirkt Gelbwurz bereits in relativ kleinen Dosen auf Herz und Kreislauf. Zusammen mit den ätherischen Ölen wirken die gelben Farbstoffe in starkem Maß entzündungshemmend und antibiotisch. In jüngster Zeit wurden auch Krebs hemmende Wirkungen beobachtet, allerdings nur bei hohen Dosierungen.

Kurkumaöl hilft gegen entzündliche Hauterkrankungen. Vermischen Sie dazu 1 Esslöffel kaltgepresstes Mandelöl mit 1 Teelöffel Kurkuma. Mit der gelben Masse ölen Sie dann die betroffenen Hautstellen ein, nach 15 Minuten waschen Sie sie mit warmem Wasser ab. Wiederholen Sie die Anwendung dreimal pro Tag.

Die medizinischen Wirkungen

Kurkuma unterstützt die Therapie und hilft vorbeugend bei

- Arteriosklerose und ihren Folgeerkrankungen
- Darminfektionen
- erhöhtem Cholesterinspiegel
- Gallenblasenentzündung
- Pilzinfektionen

Äußerlich angewandt – in Form von Breiauflagen oder Öleinreibungen – hilft Kurkuma gegen entzündliche Hauterkrankungen wie:

- Akne
- Bartflechte
- Ekzeme
- Furunkel
- Fußpilz
- Muskelentzündungen

Kurkuma und Ayurveda

Gelbwurz unterstützt die individuelle Verdauungskraft Agni und wirkt dadurch entschlackend auf Körper und Geist. Sie stärkt Vata und Pitta, dämpft Kapha. Damit eignet sie sich vor allem für Menschen, die häufiger in den Tag hineinträumen und etwas mehr klaren Verstand und Willensstärke gebrauchen könnten. Gelbwurz hemmt jedoch nicht unsere Kreativität oder Fantasie, sie sorgt vielmehr dafür, dass diese Energien deutlichere Konturen annehmen. Sehr gut geeignet ist sie für verträumte Kinder, die sich im Schulunterricht schwer konzentrieren können.
Kurkuma wirkt stark wärmend, ist daher ein Gewürz für die kälteren Jahreszeiten.

Kurkuma-Pfefferminz-Schöllkraut-Tee

Gegen Entzündungen der Gallenblase

Anstelle des Schöllkrauts können Sie auch die Kamille für den Gallenblasentee verwenden. Der entzündungshemmende Effekt wird dadurch erhöht, der gallenblasenentleerende Effekt jedoch gesenkt.

20 g Pfefferminzblätter · 20 g Schöllkraut · 20 g Kurkumapulver · 200 ml Wasser

1 Alle Zutaten vermischen. Dann 2 Teelöffel der Mischung mit heißem Wasser übergießen.
2 Etwa 10 Minuten ziehen lassen, durch ein Sieb gießen. Dosierung: drei Tassen pro Tag zu den Mahlzeiten.

Kurkuma-Mandelmus-Milch

Für kreative und offene Gespräche
Für 2 Portionen

500 ml frische Vollmilch · 1 Messerspitze Ingwerpulver
1 gestrichener TL Kurkumapulver · 1 EL Mandelmus
1 gestrichener TL brauner Rohrzucker

1 Alle Gewürze in die kalte Milch rühren.
2 Kurz aufkochen lassen und das Getränk heiß servieren.

Indonesischer Gemüsereis

Zur Vorbeugung von Infektionen
Für 2 Portionen

300 g Naturreis · 1 rote Paprikaschote · 1 Zucchini (mittelgroß) · 1 Stange Lauch (mittelgroß) · 1 kleine Zwiebel 2 EL Pflanzenöl · 100 ml Gemüsebrühe (instant) · 2 Knoblauchzehen · 1 Messerspitze Ingwerpulver · 1 gestrichener TL Kurkumapulver · 1 EL gehackte Petersilie · 1 EL Sojasauce

1 Den Reis körnig kochen. Die Paprika waschen, entkernen, in kleine Streifen schneiden. Die Zucchini schälen, in kleine Scheiben schneiden, den Lauch waschen, halbieren, in Streifen schneiden. Die Zwiebel abziehen und würfeln.
2 Das Öl in der Pfanne erhitzen. Den Knoblauch abziehen und hineinpressen, die Zwiebel darin kurz anbraten. Kurkuma und Ingwer hinzufügen und kurz anrösten.
3 Paprika, Zucchini und Lauch hinzufügen, kurz anbraten, mit Gemüsebrühe aufgießen und 6 Minuten bei schwacher Hitze kochen lassen.
4 Den Reis und die Sojasauce dazu geben, alles gut vermischen und braten, bis der Reis heiß ist. Mit Petersilie garnieren.

Das besondere Rezept

Lauch-Zucchini-Curry

Für 2 Portionen

250 g Lauch
250 g Zucchini
2 EL Ghee (Butterreinfett)
2 Knoblauchzehen
1 gestrichener TL Kurkumapulver
1 Messerspitze Ingwerpulver
150 ml Gemüsebrühe (instant)
1 EL gehackte Petersilie
2 EL saure Sahne
Salz

1 Den Lauch waschen, halbieren und in kleine Streifen schneiden, die Zucchini schälen und in dünne Scheiben schneiden. Ghee erhitzen, den Knoblauch abziehen dazupressen und Kurkuma und Ingwer kurz darin anrösten.

2 Den Lauch und die Zucchini hinzufügen und unter ständigem Rühren 4 Minuten lang anbraten. Mit der Gemüsebrühe ablöschen und das Ganze zugedeckt bei mittlerer Hitze 4 Minuten kochen lassen, ohne dass das Gemüse zerfällt.

3 Vor dem Servieren das Gemüse mit der Petersilie bestreuen.

Das Stärkemehl, das aus der Gelbwurz gewonnen wird, kann wie Pfeilwurzelmehl verwendet werden, das heißt zum Andicken von Suppen und Saucen.

Liebstöckel

Die bis zu 2 Meter hoch wachsende Pflanze – auch »Maggikraut« genannt – beliefert uns mit ihren Blättern und Wurzeln. Zu Heilzwecken sind eher die Wurzeln, zum Würzen die Blätter geeignet. Die Römer brachten den Liebstöckel aus dem Iran nach Europa, wo er zunächst auf wenig Gegenliebe traf. Bei uns wurde die Pflanze offiziell zum ersten Mal in den Kapitularien Karls des Großen erwähnt. Auch Hildegard von Bingen hebt in ihrer »Physica« die wohltätige Wirkung des Krautes hervor. Doch erst in Nordeuropa wurde er so richtig beliebt. Mittlerweile ist Liebstöckel auch in unseren Breiten anerkannt. In hiesigen Küchen wird er relativ wenig verwendet, dafür umso mehr in England, Skandinavien und Südeuropa.

Anwendung in der Küche

Der Name Liebstöckel ist eine Verballhornung des lateinischen Wortes »libusticum« oder »ligusticum«, was so viel bedeutet wie »das Kraut aus Ligurien«.

Liebstöckelwurzeln lassen sich sehr gut mit anderen harntreibenden Heilpflanzen kombinieren wie Brennnessel-, Löwenzahn-, Petersilienwurzeln, Birkenblättern und Schachtelhalmsprossen. In der Küche werden nur die Blätter verwendet. Zwischen seinem Volksnamen »Maggikraut« und dem Maggigewürz bestehen geschmackliche Parallelen, doch in der bekannten Gewürzmischung ist ausgerechnet das Maggikraut nicht enthalten.

Das Aroma des Liebstöckels ist außerordentlich intensiv. Der Geschmack ist pikant, aber nicht dominant. Liebstöckel ist ein Verstärkungsgewürz, es betont den Charakter von Nahrungsmitteln, vor allem von Fleisch.

Kaufen Sie die Stängel frisch. Getrocknete Ware ist ärmer an Geschmack und Aroma. Liebstöckel kann, im Unterschied zu anderen frischen Kräutern, mitgekocht werden, er gewinnt dabei sogar. Das Kraut ist sehr vielseitig zu verwenden. Es passt zu deftiger Hausmannskost wie Bohnensuppe, Linseneintopf, Kartoffelsuppe und Fleischsauce genauso wie zu Tofu, Quark, Joghurt, Salaten und Fisch.

Die Wirkstoffe

Liebstöckelwurzeln enthalten ätherische Öle wie Butylphthalid, Ligustilid, Cumarin, Umbelliferon, Bergapten und Psoralen. Diese Inhaltsstoffe machen die Wurzeln zu einem wirksamen Harntreibemittel.
Die Blätter des Liebstöckels enthalten überdurchschnittlich viele Karotinoide und Vitamin E. Die beiden Substanzen unterstützen unser Immunsystem, schützen Körperzellen und Biostoffe vor dem Angriff aggressiver Substanzen. Sie spielen auch, wie wir heute wissen, eine wichtige Rolle bei der Vorbeugung von Krebstumoren.
Die Blätter enthalten außerdem viele Mineralstoffe, vor allem Mangan, Kalium, Kalzium, Eisen, Zink, Fluor und Jod. Bei der Verwendung als Gewürz kommen Liebstöckelblätter jedoch nicht zu einer therapeutischen Wirkung. Aber eine relativ regelmäßige Verwendung kann zur Deckung des täglichen Mineralienbedarfs beitragen.

Liebstöckel ist ein ausgezeichneter Salzersatz für Menschen, die aufgrund einer Diät (beispielsweise wegen Bluthochdruck) ihren Kochsalzkonsum reduzieren müssen.

Die medizinischen Wirkungen

Liebstöckelwurzeln unterstützen die Therapie und helfen vorbeugend bei

- Blutarmut
- Gicht
- Harnsteinleiden
- Karies
- Knochenschwund
- Kropf
- Muskelkrämpfen
- Wassersucht

Liebstöckelblätter versorgen uns mit wichtigen Vitaminen und Mineralien, sie beugen damit Mangelerkrankungen vor.

Liebstöckel und Ayurveda

Die Eigenart des Liebstöckels, das Aroma von Nahrungsmitteln oder fertig zubereiteten Gerichten zu verstärken, lässt sich auch auf die positiv-psychische Ebene der Mahlzeiten übertragen. Sattvische und positiv aufbauende Nahrungsmittel wie Reis, Honig, Milch, Weizen, Ghee und Rohkost (ohne Paprika, Tomaten, Zwiebeln und Knoblauch) werden durch das Maggikraut in ihrer Wirkung verstärkt. Doch allein wirkt Liebstöckel weder beruhigend noch anregend.

Liebstöckel-Brennnessel-Tee

Gegen Wassersucht, Harnsteine, Gicht und Prostatabeschwerden

1 TL gehackte Liebstöckelwurzeln · 1 TL gehackte Brennnesselwurzeln · 200 ml Wasser

1 Die Wurzeln mit dem kalten Wasser ansetzen, erhitzen, 1 Minute kochen. 10 Minuten zugedeckt ziehen lassen.
2 Durch ein Sieb gießen. Trinken Sie zwei bis drei Tassen pro Tag zwischen den Mahlzeiten. Die letzte Tasse sollte spätestens 3 Stunden vor dem Schlafengehen getrunken werden, sonst weckt Sie der Harndrang aus dem Schlaf.

Liebstöckel kann, wenn Sie ihn relativ regelmäßig verwenden, zur Deckung des täglichen Mineralstoffbedarfs und damit zur Vorbeugung von Mangelerkrankungen beitragen.

Joghurt-Salat-Sauce mit Liebstöckel

Gegen Jodmangel
Für 4 Portionen

*2 Becher Joghurt (3,5% Fett) · 2 EL Sahne · 1 EL Pflanzenöl
1 TL mittelscharfer Senf · 1 EL Zitronensaft · 1 gestrichener TL Paprikapulver (edelsüß) · 1 TL gehackte Petersilie
1 TL gehackter Schnittlauch · 1 TL gehackter Estragon
1 TL gehackter Liebstöckel · 1 TL gehacktes Basilikum
Zucker · Salz · Pfeffer*

1 Alle Zutaten gut verrühren und mit Zucker, Salz und Pfeffer abschmecken.
2 Wenn Sie es aromatischer lieben, geben Sie noch den Saft von 1 Knoblauchzehe hinzu. Sie können auch Estragon und Basilikum durch Thymian und Zitronenmelisse ersetzen.

Tofu mit Liebstöckel und Petersilie

Gegen Blutarmut
Für 2 Portionen

*200 g Tofu · 1 EL Olivenöl · 1 TL Sojasauce · 2 EL Zitronensaft
1 Frühlingszwiebel · 1 TL gehackte Petersilie · 1 TL gehackter Liebstöckel · 2 Knoblauchzehen · Salz*

1 Den Tofu durch ein Sieb streichen, mit dem Öl zu einer cremigen Masse verrühren.
2 Die restlichen Zutaten dazugeben und alles miteinander vermischen. Den Knoblauch abziehen und in die Mischung pressen. Mit Salz abschmecken.

Das besondere Rezept

Linsensuppe mit Liebstöckel, Thymian und Petersilie

Für 4 Portionen

200 g Linsen
1 1/2 l Wasser
100 g Lauch
50 g Möhren
2 EL Pflanzenöl
1 EL gekörnte Gemüsebrühe (instant)
3 Knoblauchzehen
1 TL Thymian
1 EL gehackte Petersilie
1 EL gehackter Liebstöckel
Salz, Pfeffer

1 Die Linsen in einem Sieb waschen, über Nacht in Wasser einweichen. Im Einweichwasser zum Kochen bringen und bei schwacher Hitze etwa 45 Minuten kochen lassen.
2 Den Lauch putzen, waschen und in dünne Ringe schneiden, die Möhre schälen und raspeln. Das Gemüse in erhitztem Öl 5 Minuten dünsten.
3 Das Gemüse mit der Instantbrühe in die bereits 35 Minuten kochende Linsensuppe geben. Den Knoblauch abziehen und in den Eintopf pressen. Die Kräuter hinzugeben und mit Salz und Pfeffer abschmecken.

Bei der Linsensuppe können Sie die Geschmacksnote verändern, indem Sie eine Knoblauchzehe weniger nehmen und dafür 1 Teelöffel Bohnenkraut beifügen.

Majoran

Die ursprüngliche Heimat des Majorans ist Indien, doch heute wird er in Deutschland viel häufiger verwendet: Die deutsche Blut- und Leberwurst verdankt ihren Ruf nicht zuletzt der Würzkraft von »Majorana hortensis«. Trotz seiner großen Beliebtheit wird übersehen, dass Majoran auch eine überdurchschnittliche Heilkraft besitzt. Bereits Griechen und Römern war er als Heil- und Würzkraut bekannt: Nicht umsonst wurde er in der Antike von der Göttin Venus direkt am Fuß des Olymps angepflanzt. Erst im 16. Jahrhundert gelangte der Majoran in nördlichere Länder. Ein Landfahrer soll ihn zur Zeit der Kreuzzüge aus Jerusalem mitgebracht haben. Danach breitete er sich schnell aus, denn seine Würz- und Heilfähigkeiten wurden bald erkannt. Ob er allerdings bei Skorpionbissen und Hexenflüchen hilft, wie früher behauptet wurde, sei dahingestellt.

Bei seiner Wanderung von Indien in die westliche Welt wurde der Majoran von arabischen Händlern in den Mittelmeerraum gebracht. Von den Arabern kommt auch sein heutiger Name. Sie nannten ihn »Marjamie«, was so viel wie »unvergleichlich« bedeutet.

Anwendung in der Küche

Majoran, frisch oder getrocknet, macht Deftiges leichter verdaulich und länger haltbar. Er passt also zu Speck, Schinken, Schweinebauch, Schweinegulasch, Wurst, Gegrilltem und Innereien. Zur Schonung des Aromas sollte frischer Majoran nicht mitgekocht werden. Unser kulinarischer Tip: Streuen Sie doch Majoran über den gekochten Spinat. Er bekommt dadurch ein Aroma, das auch Kinder überzeugen kann.

Majoran schmeckt nicht nur frisch, sondern auch getrocknet. Sein Geschmack erinnert an den ihm verwandten Oregano, sein Aroma ist herb und pfeffrig. Er wird mitgekocht bei Gänse- und Schweinefleisch sowie Lammbraten, Eintöpfen und Kartoffelgerichten.

Die Wirkstoffe

Das ätherische Öl des Majorans setzt sich aus über 50 Einzelkomponenten zusammen. 25 Prozent davon bestehen aus cis-Sabinenhydrat, das den typischen Geruch der Pflanze aus-

macht. Dieser Wirkstoff ist auch verantwortlich für die verdauungsfördernden und blähungshemmenden Eigenschaften des Majorans sowie für seine krampflindernde Wirkung auf die Muskeln von Darm und Bronchien. Zusammen mit Rosmarinsäure fördern die ätherischen Öle die Hautdurchblutung und unterstützen damit die Wärmebehandlung von Sportverletzungen.
Ebenfalls krampflindernd wirkt die Rosmarinsäure, dazu kommt ihr antioxidativer Effekt. Majorangewürzte Wurstwaren sind dadurch überdurchschnittlich lange haltbar. Von größerer Bedeutung ist aber wohl der Krebs und Bakterien hemmende Effekt, der bei Majoranöl auch in Laborexperimenten beobachtet werden konnte.
Der Majoranwirkstoff Hydrochinon heilt Entzündungen und Infektionen an den Harnwegen und der Harnblase, in größeren Mengen steht er allerdings auch im Verdacht, Krebs erregend zu sein. Deshalb sollten Sie Ihre Speisen nicht über einen längeren Zeitraum täglich mit Majoran würzen! Überragend ist der Kalziumanteil, auch Eisen, Fluor, Kupfer und Magnesium sind im Majoran überdurchschnittlich stark vertreten.

Würzen Sie Ihre Speisen nicht über einen längeren Zeitraum täglich mit Majoran, denn er enthält Stoffe, die im Verdacht stehen, in größeren Mengen Krebs erregend zu sein! Äußerliche Anwendungen in Form von Salben sind jedoch risikofrei.

Die medizinischen Wirkungen

Innerlich angewandt unterstützt Majoran die Therapie und hilft vorbeugend bei

- Abwehrschwäche
- Appetitlosigkeit
- Blähungen
- Darmkoliken
- Durchfall
- Farbverlust in Haut und Haaren
- Gallensteinleiden
- Gastritis
- Karies
- Nervosität
- Reizmagen

Äußerlich angewendet unterstützt Majoran die Therapie von

- Muskelzerrungen
- Prellungen
- Schnupfen (vor allem bei Kindern)
- Verstauchungen

Majoran und Ayurveda

Majoran wirkt insgesamt entspannend und beruhigend. In der indischen Heilslehre schätzt man ihn als Kräftigungsmittel für Nerven und Kreislauf.

Majoranbutter

Als Schnupfensalbe für Säuglinge und Kleinkinder

200 g zerstoßener Majoran · 10 ml Ammoniak
100 ml Weingeist · 1000 g Vaseline

1 Majoran in Ammoniak und Weingeist einlegen, 6 Stunden zugedeckt ziehen lassen.
2 Die weiße Vaseline hinzufügen und unter häufigem Umrühren im Wasserbad erhitzen, bis Weingeist und Ammoniak verflüchtigt sind.
3 Die Masse auspressen und die Salbe filtern.

Majoran-Löwenzahn-Salat

Gegen Appetitschwäche, Gallenerkrankungen, Darmkoliken und Gastritis
Für 1 Portion

200 g Löwenzahnblätter · 200 g Kartoffeln · 2 EL Pflanzenöl
1 EL Zitronensaft · 1 TL Majoran · Salz · Pfeffer

Löwenzahn und Majoran ähneln sich in ihren Inhaltsstoffen. Ihre Kombination ist daher aus therapeutischen Gründen sehr sinnvoll.

1 Die Löwenzahnblätter waschen, trockentupfen und fein schneiden. In eine Schale legen. Kartoffeln waschen, in der Schale kochen, dann schälen. In dünne Scheiben schneiden und über den Löwenzahnblättern ausbreiten.
2 Das Öl, den Zitronensaft und den Majoran miteinander verrühren, mit Salz und Pfeffer abschmecken und die Marinade über den Salat gießen.

Warmer Kartoffelsalat mit Majoran

Zur guten Verdauung
Für 4 Portionen

750 g Kartoffeln · 1 kleine Zwiebel · 3 EL Pflanzenöl
1 EL Weinessig · 3 EL gehackter Schnittlauch · 1 TL Majoran
Salz · Pfeffer

1 Die Kartoffeln waschen, in der Schale kochen. Die Zwiebel abziehen, klein würfeln. Die Kartoffeln schälen und in feine Scheiben schneiden.
2 Öl und Essig über die noch heißen Kartoffeln gießen und mit Zwiebel, Schnittlauch und Majoran mischen. Die Kartoffeln sollen nicht zerfallen.
3 Mit Salz und Pfeffer abschmecken. Warm servieren.

Das besondere Rezept

Shepherds Pie, der Majoranklassiker

Für 4 Portionen

500 g Beefsteak
500 g Kartoffelpüree (aus der Fertigpackung)
2 Scheiben durchwachsener Speck
200 ml Fleischbrühe
2 Zwiebeln
1 Stange Lauch
2 EL Pflanzenöl
1 EL Mehl
2 EL Butter
1 EL pulverisierter Majoran
Salz
Pfeffer

Der Shepherds Pie schmeckt am besten, wenn das Kartoffelpüree eine knusprige braune Oberfläche hat. Um es nicht verbrennen zu lassen, können Sie das Gericht nach der Hälfte der Backzeit mit Alufolie abdecken.

1 Die Zwiebeln abziehen und zerkleinern, den Lauch putzen, waschen und in dünne Scheiben schneiden, den Speck in kleine Würfel schneiden, und alles in einer Pfanne andünsten.
2 Das Kartoffelpüree laut Anleitung zubereiten.
3 Die Beefsteaks in dünne Scheiben schneiden und kurz anbraten. Mit Mehl bestäuben, umwenden und mit dem Speckgemüse vermischen. Die Brühe hinzugießen und mit Salz und Pfeffer abschmecken. Noch einige Minuten unter gelegentlichem Wenden garen.
4 Dann das Ganze in eine feuerfeste Form füllen und mit Majoran bestreuen, das Kartoffelpüree darüber verteilen und glatt streichen. Butter in kleinen Stücken aufsetzen.
5 Schließlich die Backform im Backofen bei 180–200 °C (Umluft 160 °C, Gas Stufe 2–3) etwa 40 Minuten backen.

Muskatnuss

Der Muskatbaum liefert eigentlich zwei Gewürze, zum einen den Mantel der Samen (Macis), die so genannte Muskatblüte, die ein ideales Gewürz für feine Bäckereien und auch für manche Getränke ist. Zum anderen liefert der Muskatbaum den Samenkern, der weitläufig als Muskatnuss bezeichnet wird und von erheblich größerer Bedeutung ist. Die Muskatnuss wurde schon im Altertum von chinesischen Ärzten verwendet, meistens als Schmerz- und Beruhigungsmittel. In der modernen Medizin spielt sie heute nur noch eine geringe Rolle, in den heutigen Küchen ist sie jedoch nicht mehr wegzudenken. Hauptlieferant der ursprünglich von den Molukken stammenden Früchte ist Indien.

Anwendung in der Küche

Die Muskatnuss wurde erst im 16. Jahrhundert, als die Portugiesen damit zu handeln begannen, für die Küche entdeckt. Zuvor diente sie zum Ausräuchern von Räumen, die von Ungeziefer befallen waren.

Muskatnüsse verströmen ein intensives und unvergleichliches Aroma, ihr Geschmack ist feurig-süß. In der Küche sind sie ungemein vielseitig einsetzbar, zu süßen Speisen ebenso wie zu pikanten Gerichten.

Die Araber würzen mit Muskat ihre Lamm- und Schaffleischgerichte, die Italiener verwenden sie bei Kalbfleisch und gemischtem Gemüse. Regelrechte Muskatfreaks sind die Holländer, die das Gewürz für Honigkuchen, Makkaronis, Fruchtpuddings, Kartoffelbrei, Weißkohl, Blumenkohl und Spinat verwenden.

Die im Handel erhältlichen Muskatnüsse können in der Qualität sehr unterschiedlich sein. Je höher ihr Gehalt an ätherischem Öl, desto besser ist auch ihr Geschmack, und der Ölgehalt ist in der Ursprungsmuskatnuss »Myristica fragrans« am höchsten. Kaufen Sie nur ganze Nüsse und nicht das vorgefertigte, geschmacklich reduzierte Muskatpulver! Die Nüsse kann man problemlos mit der guten alten Muskatreibe aufarbeiten.

Die getrocknete ganze Muskatnuss hat von Natur aus eine dunkle Farbe. Sie wird aber vor dem Verkauf zum Schutz gegen Würmer und Insekten mit Kalk bestrichen.

Die Wirkstoffe

Die Muskatnuss enthält große Mengen an fetten und ätherischen Ölen. Sie wirken ähnlich wie die Wirkstoffe der Fichtennadeln, also äußerlich angewendet hautreizend und durchblutungsfördernd, innerlich und über die Atmung angewendet schleimlösend und leicht antibiotisch. Die beiden Wirkstoffe Myristizin und Elimizin werden von unserem Körper zu amphetaminähnlichen Verbindungen umgebaut. Größere Mengen an Muskatnuss führen daher zu Halluzinationen; bei Schwangeren werden Früh- und Fehlgeburten provoziert. Dazu sind allerdings Mengen erforderlich, die über das normale Würzen mit Muskatnuss nicht erreicht werden. Es sei jedoch deutlich davor gewarnt, sie als Tee anzuwenden oder ganze Nüsse zu verzehren. Als Rauschmittel ist sie ungeeignet, da sie nicht nur für Halluzinationen sorgt, sondern auch die Psyche auf Ekel gegenüber dem Muskataroma programmiert.

Als Medikament zur innerlichen Anwendung ist Muskatnuss aufgrund ihrer möglichen Nebenwirkungen ungeeignet, außerdem gibt es bessere und risikoärmere Gewürze wie etwa Rosmarin und Thymian. Als Gewürz hingegen ist sie unvergleichlich.

Die medizinischen Wirkungen

Äußerlich angewandt unterstützt Muskatnuss die Wärmetherapie von

- Gelenkentzündungen
- Muskelzerrungen
- rheumatischen Erkrankungen
- Verstauchungen

Bei Verwendung als Gewürz unterstützt sie die Verdauungsarbeiten von Magen und Darm.

Muskat und Ayurveda

In der Ayurvedalehre spielt die Muskatnuss – nicht zuletzt wegen ihrer ausgeprägten psychischen Wirkungen – eine große Rolle. Sie dämpft Vata und Kapha, stärkt dafür Pitta. Sie fördert also Verstand und Kreativität sowie den Appetit auf kühle Speisen, dämpft aber auf der anderen Seite Nervosität und Schleimbildung in den Atemwegen. Alle diese Effekte sind heute wissenschaftlich belegt. Das Negative an der Muskatnuss: Sie ist von tamasischer Natur, das heißt, dass sie die Neigung zu Trägheit und Antriebslosigkeit fördert und das Empfinden abstumpfen kann. Aus diesem Grund sollte sie nur in Maßen genossen werden.

Umschläge aus Muskatnuss helfen bei Sportverletzungen und rheumatischen Erkrankungen. Geben Sie dazu 3 gehäufte Esslöffel geriebene Muskatnuss auf 1/4 l heißes Wasser, gut durchrühren. Damit tränken Sie ein Tuch, das Sie auf die betroffenen Stellen legen.

Muskatmilch

Zum besseren Einschlafen

250 ml Milch · 1 Messerspitze geriebene Muskatnuss
1 Messerspitze brauner Zucker · 1 TL Mandelmus

1 Die Milch erhitzen (nicht kochen), Muskatnuss, Zucker und Mandelmus unterrühren.
2 Trinken Sie eine Tasse eine Stunde vor dem Schlafengehen.

Kürbissuppe mit Muskatnuss und Zimt

Für kalte Tage
Für 4 Portionen

2 kleine Zwiebeln · 1 kleiner Kürbis · 750 ml Hühnerbrühe (instant) · 3 EL Langkornreis · 1 gestrichener TL geriebene Muskatnuss · 1 Messerspitze gemahlener Zimt · 1 Messerspitze gemahlener Kreuzkümmel · 1 EL Zitronensaft · Salz

1 Die Zwiebeln abziehen und in Ringe schneiden. Den Kürbis aufschneiden. Das Fruchtfleisch von Kernen und faserigem Gewebe befreien.
2 Kürbisfleisch aus der Schale holen. Mit Brühe, Zwiebelringen, Reis und Gewürzen in einen Topf geben.
3 Bei mittlerer Hitze so lange kochen, bis das Kürbisfleisch und der Reis gar sind. Mit Salz und Zitronensaft abschmecken.

Indischer Muskatreis

Ein leicht verdauliches Essen
Für 4 Portionen

400 ml Gemüsebrühe (instant) · 1 gestrichener TL geriebene Muskatnuss · 1 gestrichener TL Kurkuma · 1 Messerspitze gemahlener Koriander · 1 Messerspitze gemahlener Kreuzkümmel · 300 g Naturreis · 1 EL Mandelsplitter · 2 EL Sultaninen

1 Die Gemüsebrühe erwärmen, mit den Gewürzen vermischen. Dann den Reis hinzufügen und kochen lassen, bis die Brühe weitgehend aufgesogen und der Reis körnig ist.
2 Die Mandelsplitter und die Sultaninen über den fertigen Reis streuen und gut vermischen.
3 Der Muskatreis eignet sich nicht nur als Beilage zu süßsauren Pfannengerichten, er kann mit Joghurt und Crème fraîche auch gut allein gegessen werden.

Das besondere Rezept

Spaghetti mit Muskat-Spinat-Sauce

Für 4 Portionen

1 Zwiebel
2 EL Butter
1 große Packung Tiefkühlspinat (600 g)
150 g Schmelzkäse
1 EL Sahne
500 g Spaghetti
2 Knoblauchzehen
1 EL geriebene Muskatnuss
Salz, Pfeffer

1 Die Zwiebel fein hacken und in der Butter kurz andünsten. Dann den Spinat mit etwas Wasser hinzufügen und – wenn er aufgetaut ist – Schmelzkäse und Sahne dazugeben. Alles noch ein paar Minuten köcheln lassen, dann Knoblauch und Muskatnuss hinzufügen. Mit Salz und Pfeffer abschmecken.

2 Die Spaghetti in reichlich Salzwasser 10 Minuten bissfest kochen. Auf einzelnen Tellern servieren und mit der Sauce übergießen.

Wer die Spaghetti mit Muskat-Spinat-Sauce etwas deftiger mag, kann die Zwiebelstücke zusammen mit etwas Frühstücksschinken anbraten.

Oregano

Oregano ist ein naher Verwandter des Majorans. Sein Name kommt aus dem Altgriechischen und heißt so viel wie »Freude der Berge«. Im antiken Griechenland wurde er daher auch als Liebeszauber angewendet. Und schon Diokurides erwähnt, dass Blätter und Blüten, mit Wein getrunken, gut gegen den Biss wilder Tiere seien. Aber erst die Römer begannen mit dem Anbau des aromatischen Krauts, um es dann allerdings nicht mehr zu medizinischen, sondern zu kulinarischen Zwecken einzusetzen. Auch heute noch wird Oregano überwiegend im Mittelmeergebiet kultiviert. Weitere Hochburgen von Anbau und Verzehr sind Mexiko und die USA. Der »Mexican oregano« gehört jedoch zu einer anderen botanischen Familie als die europäischen Arten. Aufgrund seines schärferen Geschmacks wird er auch in Chiligerichten verwendet.

Die antiken Griechen schätzten Oregano als Gegengift bei Schlangenbissen. Dieser Effekt ist aus heutiger Sicht umstritten, doch kann die entgiftende Wirkung aufgrund des Leber stimulierenden Effekts von Oregano nicht ganz von der Hand gewiesen werden.

Anwendung in der Küche

Die Verwendungsmöglichkeiten des Oreganos sind überaus vielfältig, leicht könnte man ein eigenes Kochbuch nur mit Oreganorezepten füllen. Die nach einer Mischung aus Thymian und Majoran duftenden und scharf schmeckenden Blätter finden sich grundsätzlich in jedem klassischen italienischen Pizza- und Tomatengericht.

Oregano passt, abgesehen von Pizza, zu gebratenem oder gegrilltem Kalb- und Schweinefleisch. Weitere Möglichkeiten sind Suppen mit Kartoffeln, alle südländischen Gemüsesorten und Salate, auch Bohnen, Kartoffelgerichte und Fisch. Der »Mexican oregano« ist wichtiges Gewürz des bekannten Bohnengerichts Chili con carne, außerdem ist er Bestandteil einiger mexikanischer Gewürzmischungen.

Oregano schmeckt nicht nur frisch, auch die getrockneten Stängel und Blätter halten ihr Aroma relativ lang. Voraussetzung ist allerdings, dass der getrocknete Oregano licht- und hitzegeschützt in einer gut schließenden Dose aufbewahrt wird.

Die Wirkstoffe

Oreganoblätter enthalten zahlreiche ätherische Öle, darunter das desinfizierende Thymol. Es entfaltet seine Wirkungen innerlich vor allem in den Atemwegen. Oregano ist dadurch ein wirksames Heilkraut bei Erkältungen, Husten und Keuchhusten. In der Erfahrungsmedizin schätzt man außerdem die schmerzlindernden Eigenschaften des Oreganoöls Carvacrol. Äußerlich angewendet kann es die Behandlung von Entzündungen und offenen Wunden unterstützen.

Die Bitter- und Gerbstoffe des Oreganos beeinflussen den Appetit und die Verdauung, verbessern vor allem die Verwertung von tierischen Proteinen.

Unter den Mineralien des Oreganos dominieren Kalzium für den Aufbau von Knochen und Zähnen (wichtig für Kinder und Jugendliche!) sowie Eisen für die Blutbildung und die Festigung von Haaren und Nägeln.

Oreganomundspülung für Entzündungen in Hals und Mund: 2 Esslöffel Oreganoblätter mit 500 Milliliter kochendem Wasser übergießen. Zugedeckt 10 Minuten ziehen lassen, abgießen. Gurgeln und spülen Sie damit 5–10 Minuten pro Tag!

Die medizinischen Wirkungen

Oreganoblätter unterstützen die Therapie und helfen vorbeugend bei

- Blutarmut
- grippalen Infekten
- Halsentzündungen
- Husten
- Keuchhusten
- Kopfschmerzen
- Rachenentzündungen
- Zahnfleischentzündungen

Oregano und Ayurveda

Oregano wirkt gleichzeitig anregend und energiereduzierend. Er wirkt leicht stimulierend auf unsere individuelle Verdauungskraft Agni, dämpft auf der anderen Seite aber das Pittaprinzip. Dadurch hilft er uns bei cholerischen Anfällen, Ungeduld und Gereiztheit. Oregano führt uns dahin, die Dinge mit mehr Gelassenheit zu betrachten und uns weniger in vorausgehenden Sorgen und Ängsten zu verlieren. Er befreit uns von übermäßigen Willensenergien, die uns ständig und voller Furcht in die Zukunft schauen lassen. Sich dem Glück des Augenblicks hinzugeben, anstatt an das mögliche Unglück der Zukunft zu denken, dabei kann uns Oregano behilflich sein.

Oreganoaufguss

Bei Husten, Erkältungen und Kopfschmerzen

1 TL Oreganoblätter · 200 ml Wasser

1 Die Oreganoblätter mit dem kochenden Wasser übergießen. 10 Minuten ziehen lassen.
2 Durch ein Sieb gießen. Trinken Sie davon so heiß wie möglich 3 Tassen pro Tag.

Oregano-Pfefferminz-Tee

Zur Verbesserung der Verdauung

1 TL Oreganoblätter · 1 TL Pfefferminzblätter · 400 ml Wasser

1 Die beiden Kräuter mit dem kochenden Wasser übergießen. 10 Minuten ziehen lassen.
2 Durch ein Sieb gießen. Trinken Sie davon während der Mahlzeiten.

Oregano-Pfefferminz-Öl

Zur äußerlichen Behandlung von Kopfschmerzen

100 ml Olivenöl · 1 TL Oregano · 1 TL Pfefferminze

1 Das Öl zusammen mit den Kräutern in einer abgedunkelten Flasche zwei Tage lang ziehen lassen.
2 Durch ein Sieb gießen. Reiben Sie das Öl mehrmals täglich an den schmerzenden Stellen ein. Bei Kopfschmerzen werden die Schläfen damit massiert.

Avocadosuppe mit Oregano

Avocado und Oregano ergänzen sich nicht nur im Geschmack, sondern auch in ihren medizinischen Wirkungen. Der Eisengehalt von Oregano und die Folsäure der Avocado bilden eine wirksame Kombination gegen Blutarmut und Haarausfall.

Eine Appetit anregende Vorspeise
Für 2 Portionen

500 ml Hühnerbrühe (instant) · 1 reife Avocado
1 EL gehackte Oreganoblätter · 1 Messerspitze weißer Pfeffer
Salz · 1/2 Zitrone

1 Die Hühnerbrühe erhitzen. Die Avocado längs halbieren und entkernen. Das Fruchtfleisch auslösen und mit einer Gabel zerdrücken, die halbe Zitrone auspressen.
2 Die heiße Brühe von der Kochstelle nehmen, das Avocadopüree und die übrigen Zutaten hinzufügen. Alles gründlich vermischen.

Das besondere Rezept

Scharfer Fischtopf

Für 4 Portionen

2 Zwiebeln
4 Knoblauchzehen
4 bis 5 geschälte Tomaten aus der Dose
1 rote Chilischote
2 EL Bratenfett
2 TL Oregano
500 g Seefischfilet
2 EL Olivenöl
1 Zitrone
150 ml Fischfond
Salz, Pfeffer

1 Die Zwiebeln in dünne Ringe schneiden, den Knoblauch abziehen und auspressen. Die Tomaten zerkleinern, die Chilischote putzen, längs aufschneiden und in feine Streifen schneiden.

2 Die Hälfte von Zwiebeln und Tomaten, Chilischote, Knoblauchsaft und Orgeano in der gefetteten Form verteilen. Mit Salz und Pfeffer würzen. Die Fischfilets darauf legen, ebenfalls würzen. Dann die zweite Hälfte der Zutaten darüber legen.

3 Olivenöl, Zitronensaft und Fischfond verrühren und über das Fischgericht gießen. In den heißen Backofen schieben, bei 180–200 °C (Umluft 170 °C, Gas Stufe 3)
20–30 Minuten garen.

Fisch ist sehr reich an Eiweiß. Deshalb sollte er öfter mit Oregano gewürzt werden. Durch die Verwendung des Gewürzes wird das Eiweiß bekömmlicher.

Paprika

Die ursprüngliche Heimat des Paprikas sind die Tropen und Subtropen Südamerikas. Hier wurde die Pflanze schon Jahrhunderte vor der Entdeckung durch die Europäer kultiviert. Ende des 15. Jahrhunderts brachte man die Pflanze nach Europa. Zuerst baute man Paprika in Spanien an (die früheste Beschreibung des Anbaus ist datiert auf 1542), dann in Italien. Vor allem in Adelskreisen begann man von einem feuerroten Gewürz zu schwärmen, das so »süß wie die Sünde« und so »scharf wie der Teufel« sei. Später, im 18. Jahrhundert, kultivierte man Paprika auch auf dem Balkan. Die ungarischen Bauern nahmen sich des fremden Gewächses an und machten es zu ihrem Nationalgewürz. So eroberte sich der Paprika von Ungarn aus erneut die Welt. Heute ist Paprika als Gemüse ebenso in allen Haushalten zu finden wie in getrockneter und pulverisierter Form als Gewürz.

Anwendung in der Küche

Der Paprika wird mitunter auch »spanischer Pfeffer« genannt, weil ihn lange Zeit allein die Spanier anbauten.

Zu den gebräuchlichsten Paprikagewürzen zählen Delikatesspaprika – sanft duftend und mit intensiver Färbung – Paprika »Edelsüß« – dunkelrot, mittelscharf, aromatisch und leicht süßlich – und Rosenpaprika – hellrot und sehr scharf.

Delikatesspaprika eignet sich vor allem für Speisen, denen Sie eine kräftige rötliche Farbe geben wollen. Er unterstützt die Schärfe von Pfeffer und verströmt ein anregendes Aroma. Rosenpaprika färbt weniger, ist dafür aber so scharf wie Pfeffer. Der edelsüße Paprika ist vielfältig einsetzbar. Er gehört nicht nur in ungarische und österreichische Fleischgerichte, sondern lässt sich auch vorzüglich in Suppen, pikanten Saucen, Fleisch- und Geflügelgerichten, Eintöpfen sowie auf Fisch, Käse und Quarkspeisen genießen.

Paprikapulver nie in siedendes Fett geben, da sonst sein Zuckergehalt auskristallisiert! Das Gewürz verliert die rote Farbe und schmeckt bitter. Paprika nur ins erhitzte Fett geben oder erst das fertige Pfannengericht damit würzen!

Die Wirkstoffe

Bedeutendster Wirkstoff des Paprikas ist das Capsaicin. Es verhindert die Blutgerinnung, verbessert die Fließeigenschaften des Blutes. Dadurch verhindert es Engpässe und Stauungen in den Blutgefäßen, das Risiko von Durchblutungsstörungen, Herzinfarkten und Schlaganfällen sinkt. Darüber hinaus wirkt Capsaicin anregend auf die Magensaftreaktion und vorbeugend bei Migräneanfällen. Paprikapulver enthält höhere Mengen an Capsaicin als das Frischgemüse. Es steckt nämlich in den Trennwänden und Kernen, die meist nicht mitgegessen werden. Zu den weiteren Wirkstoffen von rotem und gelbem Paprika gehören die Karotinoide. Sie wirken entzündungshemmend und antibiotisch.

Äußerlich aufgetragen erzeugt Paprika ein leicht brennendes Wärmegefühl auf der Haut. Capsaicin besitzt jedoch keine bedeutende therapeutische Wirkung auf Rheuma oder andere Gelenk- oder Muskelerkrankungen.

Die medizinischen Wirkungen

Paprika unterstützt die Therapie und hilft vorbeugend bei

- Arteriosklerose
- Durchblutungsstörungen
- Konzentrationsschwäche
- Lernschwäche
- Magenkrämpfen
- Migräne

Innerhalb der Pflanzenheilkunde gibt es zahlreiche Präparate mit dem Wirkstoff Capsaicin. Sie erzeugen ein angenehmes und schmerzlinderndes Wärmegefühl, heilen jedoch keine Entzündungen.

Paprika und Ayurveda

Paprika kräftigt Agni, die Verdauungskraft. Von größerer Bedeutung ist jedoch, dass er beim Menschen die Rajasanteile stärkt. Rajas – dieses Prinzip gehört zu den drei Gunas, die ähnlich wie die Doshas unser Leben steuern. Rajas steht für Mut, Opferbereitschaft, Leidenschaft, Selbstbewusstsein und Sinnlichkeit. Im Übermaß schlägt es jedoch um in Selbstüberschätzung, Rechthaberei, Wut, Ungeduld und Triebhaftigkeit. Daher empfiehlt die Ayurvedalehre, mit Paprika sparsam umzugehen. Er eignet sich vor allem für Menschen, die häufiger müde und willensschwach sind, auf sinnliche Reize nur noch träge reagieren. Für libidoschwache Menschen ist er sicher ein gutes Mittel.

Paprikatee

Gegen Lern- und Konzentrationsschwäche

2 TL Darjeelingtee · 1 gestrichener TL Delikatesspaprika 250 ml Wasser · 1/2 Zitrone · Kandiszucker

1 Den Tee samt Paprikagewürz mit kochendem Wasser überbrühen, 5 Minuten ziehen lassen. Die Zitrone auspressen.
2 Den Tee durch ein Sieb gießen, mit Zitronensaft mischen und mit Kandiszucker nach eigenem Geschmack würzen.

Paprikacreme

Ein gesunder Brotaufstrich
Für 2 Portionen

1 gelbe Paprikaschote · 250 g Sahnequark · 1 EL Zitronensaft · 1 Messerspitze Cayennepfeffer · 1 TL Delikatesspaprika 1 EL gehackter Schnittlauch · Salz

Die Paprikacreme und den Aufstrich vom Hirtenbrot können Sie noch mit dem Saft einer Knoblauchzehe würzen.

1 Die Paprikaschote entkernen und in dünne Streifen schneiden. Anschließend pürieren.
2 Das Paprikapüree mit Quark und Zitronensaft zu einer glatten Creme verrühren.
3 Mit Cayennepfeffer und Delikatesspaprika würzen. Am Ende den Schnittlauch hinzugeben und mit Salz abschmecken.

Hirtenbrot

Das herzhaft-gesunde Abendessen
Für 2 Portionen

2 Zwiebeln · 3 grüne Paprikaschoten · 250 g Mettwürstchen 1 TL Pflanzenöl · 1 TL Paprikapulver (edelsüß) · Salz · Pfeffer 1 Becher Crème fraîche · 4 Scheiben Vollkornbrot · Butter oder Streichkäse

1 Die Zwiebeln abziehen und in Ringe, die Paprikaschoten entkernen und in Streifen schneiden.
2 Die Wurst in Scheiben in der Pfanne mit Öl bei schwacher Hitze kurz anbraten.
3 Die Zwiebelringe und die Paprikastreifen 5 Minuten mitbraten, mit Paprika würzen, mit Salz und Pfeffer abschmecken.
4 Das Brot mit Butter oder Streichkäse bestreichen. Die Wurst-Paprika-Mischung darauf verteilen, bei Bedarf mit Crème fraîche verfeinern.

Das besondere Rezept

Auberginen mit Joghurt und Rosenpaprika

Für 4 Portionen

500 g Auberginen
1 EL Olivenöl
400 g Joghurt (3,5% Fett)
1 gestrichener TL Rosenpaprika
2 EL gehackter Schnittlauch
Salz

1 Die Auberginen von den Stängelansätzen befreien, waschen, schälen und grob würfeln.

2 Das Öl im Schmortopf erhitzen, die Auberginen hineingeben und bei geschlossenem Deckel etwa 15 Minuten dünsten. Nach Bedarf etwas Wasser zugeben!

3 Den Joghurt mit Rosenpaprika und Schnittlauch verrühren. Mit Salz abschmecken.

4 Die gegarten Auberginenwürfel abkühlen lassen und mit der Joghurtmischung vermengen.

Dieses Gericht können Sie mit Baguette am Abend oder als leichte Zwischenmahlzeit servieren.

Petersilie

Die Petersilie wurde schon in der Antike als Heilpflanze geschätzt. Man bescheinigte ihr harntreibende und menstruationsfördernde Wirkungen, im Mittelalter erlangte sie traurige Berühmtheit als Mittel zur Durchführung von Abtreibungen.

Im 16. Jahrhundert wanderte das Kraut aus den Taschen der Ärzte mehr und mehr in die Töpfe der Köche. Auch heute wird es weniger als Heilkraut, denn als Gewürz oder Fleischbeilage verwendet.

Anwendung in der Küche

Die krausen Blätter des Krauts eignen sich mehr zur Dekoration als zum Verzehr, während die glatten Blätter als Würzkraut zu den verschiedensten Speisen eingesetzt und mit anderen Kräutern kombiniert werden können. In warmen Gerichten wird der Geschmack der Petersilie verstärkt, wobei das Kraut erst kurz vor dem Servieren beigefügt werden sollte und nicht schon beim Kochen. Während des Garens geht nicht nur Aroma, sondern auch ein Großteil des Vitamin C verloren. Petersilie gehört zum »Bouqet garni«, zu den »Fines herbes« und zu den »Frankfurter-Grüne-Sauce-Kräutern« sowie zur französischen Kräutermischung »Persillade«.

Wer wirklich die ganze Würzkraft der Petersilie erleben will, sollte nur frisches Kraut verwenden. Getrocknete und pulverisierte Ware ist ebenso unansehnlich wie geschmacksarm.

Vorsicht! Petersilie wurde schon im Mittelalter dazu verwendet, unerwünschte Schwangerschaften abzubrechen. Daher sollte man während der Schwangerschaft keine größeren Mengen an Petersilie essen. Gegen ihre Verwendung als Würzkraut ist nichts einzuwenden.

Die Wirkstoffe

Petersilie ist ein ergiebiger Vitaminträger. 100 Gramm enthalten 166 Milligramm Vitamin C, 1,7 Milligramm Vitamin E, 170 Mikrogramm Folsäure und 2,8 Milligramm Niazin. Dadurch wird das Kraut zu einem wichtigen Helfer gegen Infektionen und Abwehrschwäche, außerdem fördert es die Blutbildung und die Arbeit der Hirn- und Nervenzellen. Auch als Mineralllieferant ist Petersilie unentbehrlich. Überragend sind ihre Anteile an Kalium (1000 Milligramm auf 100 Gramm), Eisen

(5,5 Milligramm auf 100 Gramm) und Kalzium (245 Milligramm auf 100 Gramm). So kann sie gegen Knochenschwund (Osteoporose) und Blutarmut wirken.
Von großer Bedeutung ist der Inhaltsstoff Apiol. Er wirkt anregend auf Verdauungsvorgänge und Menstruation, außerdem wirkt er mobilisierend auf die Nieren. Apiol und Kalium, das in der Petersilie ebenfalls in großen Mengen vorkommt, machen das Kraut zum wirksamen Harntreiber.
Petersilie enthält auch zahlreiche Flavonoide. Diese wirken Krebs hemmend, antibiotisch und antioxidativ (sie schützen beispielsweise Vitamin C vor aggressiven Sauerstoffmolekülen).

Vielleicht ist dem Genießer schon einmal aufgefallen, dass Petersilie im Geschmack etwas der Muskatnuss ähnelt. Das ätherische Öl Myristizin ist nämlich in beiden Gewürzen vorhanden.

Die medizinischen Wirkungen

Petersilie unterstützt die Therapie und hilft vorbeugend bei

- Arteriosklerose und ihren Folgeerkrankungen
- Bluthochdruck
- Brust-, Lungen- und Magenkrebs
- Diabetes
- Eisenmangel und Blutarmut
- Entzündungen der Harnwege
- Gelbsucht
- grippalen Infekten
- Harnsteinen
- Herpesinfektionen
- Insektenstichen
- Osteoporose
- verzögerten oder zu schwachen Regelblutungen
- Wasseransammlungen in den Beinen

Petersilie und Ayurveda

Petersilie wirkt stärkend auf die anregenden Vata- und dämpfend auf die beruhigenden Pittakräfte. Das in der Petersilie enthaltene Muskatöl wirkt jedoch genau in entgegengesetzter Richtung. Dies ist für den alltäglichen Gebrauch des Würzkrautes von großer Bedeutung, da sich das ätherische Muskatöl durch Lagern und Kochen bald verflüchtigt. Frische Petersilie bleibt daher ohne Einfluss auf Vata und Pitta, während sie durch ältere Petersilie deutlich beeinflusst werden. Der Genuss von länger gelagerter und mitgekochter Petersilie regt daher möglicherweise mehr an, als uns gut tut.

Petersiliensauce

Gegen Blutarmut und zur Stärkung der Widerstandskräfte

40 g Butter · 2 EL Mehl · 350 ml Fleischbrühe · 1 Eigelb
1 EL gehackte Petersilie · Muskat · Salz · Pfeffer

1 Das Mehl in heißer Butter goldgelb anschwitzen. Mit der heißen Brühe vermischen und 10 Minuten lang kochen lassen.
2 Eigelb und Petersilie unterziehen und mit den Gewürzen abschmecken. Petersiliensauce eignet sich vor allem zu Fisch.

Joghurtfrischkäse mit Petersilie

Zur Unterstützung des Darms
Für 2 Portionen

500 g Joghurt (3,5% Fett) · 1 Knoblauchzehe
1 EL fein gehackte Petersilie · 1 TL fein gehackter Dill
Salz · Pfeffer

1 Ein großes Sieb über eine Schüssel hängen, mit einem sauberen Küchentuch auslegen. Das Joghurt hineingießen und 3 Stunden lang abtropfen lassen.
2 Den Knoblauch abziehen, dazupressen und mit den Kräutern im Joghurtkäse verrühren. Mit Salz und Pfeffer würzen.

Tip Joghurtfrischkäse mit Petersilie schmeckt sehr gut zu Vollkornbrot. Als besondere Note gibt man noch ein paar Radieschenscheiben hinzu. Durch das Apiol der Petersilie, die Sulfide des Knoblauchs und die Milchsäurebakterien des Joghurts hilft das Gericht bei Entzündungen des Darms.

Petersilienklöße

Eine ballaststoffreiche Beilage zum Mittagessen

300 ml Milch · 100 g Haferflocken · 20 g Margarine
1 Ei · 30 g Weizenschrot · 1 TL gehackter Schnittlauch
1 EL gehackte Petersilie · Salz

Petersilienklöße schmecken vor allem als Beilage zu Geflügel. Sie enthalten neben wichtigen Vitaminen und Mineralien reichlich Ballaststoffe.

1 Die Milch kurz aufkochen, die Haferflocken hineingeben. Mit der Margarine und 1 Prise Salz quellen lassen.
2 Das Ei, den Weizenschrot, den Schnittlauch und die Petersilie beifügen, gut durchmischen. Zum Schluß die Masse etwas abkühlen lassen, kleine Klöße formen und in sehr heißem Salzwasser gar ziehen lassen.

Das besondere Rezept

Jambon Persillé aus Burgund

Für 2 Portionen

1 kg magerer Kochschinken	*2 Bund Petersilie*
1 Kalbsknochen	*2 Knoblauchzehen*
1 Zwiebel	*1 Glas Weißwein (herb)*
2 Nelken	*1 TL Essig*
6 Pfefferkörner	*2 Bund Petersilie*
1 klein geschnittene Karotte	*Salz*

1 Den Schinken in eigroße Stücke zerteilen. Den Kalbsknochen mit der halbierten, mit Nelken besteckten Zwiebel, mit Pfeffer, Karotte, Petersilie in einen Topf mit etwas Wasser geben. Knoblauch dazupressen, eine Stunde kochen. Die Suppe dabei abschäumen. Weißwein zugießen, mit Essig und Salz abschmecken. Durch ein Sieb gießen, die Suppe aufbewahren.

2 Die Petersilie hacken. In einer Schüssel die Schinkenstücke mit Petersilie vermischen und die Suppe darüber gießen. Den Inhalt so zusammendrücken, dass die Flüssigkeit bis zur Höhe des Schinkens reicht.
Im Kühlschrank erstarren lassen.

Jambon Persillé eignet sich als Vorspeise und, mit Vollkornbrot, als leichtes Abendessen. Würzig und fein: Jambon Persillé mit Bratkartoffeln; noch besser mit Butter, Baguette und Burgunderwein.

Pfeffer

Eine ganze Reihe von scharfen Gewürzen wird gerne als Pfeffer bezeichnet. So gibt es schwarzen, weißen und grünen Pfeffer sowie Chili-, Nelken-, Cayenne- und Spanischen Pfeffer. In deutschen Küchen dominieren schwarzer, weißer und grüner Pfeffer, die allesamt vom schwarzen Pfeffergewächs »Piper nigrum« abstammen. Stark im Kommen ist jedoch auch der Cayennepfeffer vom Nachtschattengewächs »Capsicum frutescens«. Er konnte in jüngster Zeit auch seine vorbeugende Kraft gegen Darmkrebs unter Beweis stellen. Beim Spanischen Pfeffer handelt es sich um Paprika.

Anwendung in der Küche

»Piper nigrum« beliefert uns mit schwarzem, weißem und grünem Pfeffer. Werden die orangeroten Beeren vollreif geerntet und anschließend fermentiert, so erhält man den inneren Kern, die weißen Pfefferkörner. Sie schmecken mittelscharf und sehr aromatisch.

Beim schwarzen Pfeffer werden noch unreife Beeren fermentiert und getrocknet, bis sie schwarz und runzlig sind.

Der grüne Pfeffer erhält Aroma und Farbe dadurch, dass die unreifen grünen Früchte in Salzlake, Essig oder im eigenen Saft eingelegt werden. Er bringt neben seiner Schärfe auch immer etwas Salz aus der Lake mit in die Speisen.

Weißen und schwarzen Pfeffer sollte man als Körner kaufen und erst vor dem Gebrauch in der Mühle zerkleinern. So ist das Aroma intensiver und verflüchtigt sich nicht so schnell.

Cayennepfeffer stammt von einem anderen Gewächs. Er enthält wenig ätherische Öle, dafür aber umso mehr den Scharfmacher Capsaicin. Bei Fleisch und Nüssen wirkt er am stärksten.

In den meisten Küchen ist der schwarze Pfeffer am beliebtesten. Marinaden würzt man mit ganzen Pfefferkörnern, ebenso werden die verschiedenen Bouillons damit hergestellt. Gerichte mit kürzerer Zubereitungsdauer werden mit frisch gemahlenem Pfeffer gewürzt. Für Fleischgerichte, wie zum Beispiel Pfeffersteak, wird der Pfeffer im Mörser grob zerkleinert.

Früher glaubte man, dass Pfeffer aufgrund seiner Schärfe Magengeschwüre und Darmkrebs auslösen könnte. Neuere Studien beweisen das Gegenteil. Und von Cayennepfeffer weiß man, dass er aufgrund seiner Karotinoide einen wirkungsvollen Schutz vor Darmkrebs darstellt.

Die Wirkstoffe

Unter den Wirkstoffen von schwarzem, weißem und grünem Pfeffer dominiert das Piperin.

Es regt in Rachen, Speiseröhre und Magen neben den Schmerzrezeptoren die Thermorezeptoren an, die für das Wärmeempfinden zuständig sind. Wir spüren einen deutlichen Wärmereiz, der einen großen Teil unseres Körpers erfasst. Die Wissenschaft spricht hier vom so genannten Thermic Food Effect. Er führt zu körperlichen und psychischen Reaktionen wie wohlig warmem Empfinden, beschleunigtem Stoffwechsel mit Absenkung des Cholesterinspiegels und verbesserter Verdauung. Schließlich regt Piperin noch die Speichelsekretion an. Ein Effekt, der für ältere Menschen, die häufig unter trockenem Mund leiden, hilfreich ist.

Im Cayennepfeffer dominiert der Scharfstoff Capsaicin, der ähnliche Wirkungen hervorruft wie Piperin. Er enthält außerdem eine grosse Menge an Karotinoiden, deren antioxidative Wirkung ihn zu einem Vorbeugungsmittel gegen Darmkrebs macht.

Auf der Haut erzeugt Cayennepfeffer ein leicht brennendes Wärmegefühl. Der Effekt basiert auf einer Reizung bestimmter Nervenenden in der Haut. Der Wirkstoff Capsaicin besitzt jedoch keine therapeutische Wirkung auf Rheuma oder andere Gelenk- oder Muskelerkrankungen.

Die medizinischen Wirkungen

Pfeffer unterstützt die Therapie und hilft vorbeugend bei

- Angina pectoris
- Herzinfarkt
- kalten Händen und Füßen
- reduzierter Magensäuresekretion
- Speichelmangel
- Verdauungsträgheit

Die regelmäßige Anwendung von Cayennepfeffer wirkt vorbeugend gegen Darmkrebs. Er sollte daher immer wieder einmal über das Essen gestreut werden.

Pfeffer und Ayurveda

Als extrascharfes Gewürz stimuliert Pfeffer unser Verdauungsfeuer Agni, darüber hinaus dämpft er Vata und Kapha, stimuliert Pitta. Diese Kombination hilft vor allem Menschen, die einerseits zu hektischer Aktivität neigen, andererseits ein intensives Bedürfnis nach Harmonie und Frieden, sowie eine starke Neigung zu Übergewicht besitzen.

Pfefferminztee mit grünem Pfeffer

Zur Anregung der Verdauung, gegen Blähungen

1 TL getrocknete Pfefferminze · 3 grüne Pfefferkörner
150 ml Wasser

1 Pfefferminze und Pfefferkörner mit sehr heißem Wasser übergießen.
2 Etwa 10 Minuten zugedeckt ziehen lassen, durch ein Sieb gießen. Trinken Sie davon bei Bedarf eine Tasse.

Griechischer Lauch mit Pfefferkörnern

Gegen Verdauungsschwäche
Für 4 Portionen

1 Zwiebel · 300 ml Wasser · 3 Korianderkörner · 8 schwarze Pfefferkörner · 1 Messerspitze Thymian · 500 g Lauch
3 EL gehackte Petersilie · Salz

1 Die Zwiebel abziehen, in Ringe schneiden. Das Wasser aufkochen, Zwiebeln und Gewürze ohne Petersilie dazugeben, 10 Minuten leicht kochen lassen. Mit Salz abschmecken.
2 Den Lauch putzen und waschen, die ganzen Stangen in den Topf geben und 10–15 Minuten garen.
3 Die Lauchstangen auf den Tellern verteilen, mit der Suppe übergießen, mit Petersilie bestreuen. Dazu passt Fladenbrot.

Endiviensalat mit Walnüssen und Cayennepfeffer

Für einen gesunden Darm
Für 4 Portionen

2 Tomaten · 50–60 g Walnusskerne · 1 Zwiebel · 2 EL Apfelessig · 3 EL Walnussöl · 1 gestrichener TL gemahlener Cayennepfeffer · 1 Knoblauchzehe · 1 gestrichener TL gemahlener Kreuzkümmel · 1 Endivienkopf (500–800 g)

Endiviensalat besitzt einen leicht bitteren Geschmack, der etwas zu stark sein kann. In diesem Fall können Sie die Marinade mit etwas braunem Zucker oder mit etwas Koriander nachsüßen.

1 Die Tomaten waschen und in dünne Scheiben schneiden, die Walnüsse zerkleinern.
2 Die Zwiebel abziehen und würfeln. Essig und Öl verrühren. Zwiebel, Tomaten, Walnüsse, Cayennepfeffer und Kreuzkümmel hinzufügen. Den Knoblauch abziehen und dazu pressen.
3 Den Endiviensalat putzen, waschen und trockentupfen. Die Blätter in Teile zerrupfen und in eine große Schüssel legen.
4 Die Sauce über den Salat gießen, gut durchmischen.

Das besondere Rezept

Shiitakepilze mit Ingwer, weißem Pfeffer und Knoblauch

Für 4 Portionen

400 g frische Shiitake-Pilze
3 El Ghee (Butterreinfett)
3 Knoblauchzehen
1 TL gemahlener Ingwer
1 TL gemahlener Cayennepfeffer
1 Bund Schnittlauch

1 Die Pilze mit Küchenpapier abreiben und grob zerteilen.
2 Ghee in einer Pfanne erhitzen, die Knoblauchzehen abziehen, dazupressen, Ingwer und Pfeffer 1 Minute darin rösten.
3 Die Pilze dazugeben und 5 Minuten lang dünsten.
4 Den Schnittlauch fein hacken und vor dem Servieren das Pilzgericht damit bestreuen.

Tip Statt Ingwer und Schnittlauch können Sie auch feine Möhrenstifte, Lauch- und Zwiebelringe in Ghee andünsten. Zum Bestreuen eignet sich auch gehackte Petersilie.

Shiitakepilze sind die medizinische Entdeckung der letzten Jahre. Sie gelten als cholesterinsenkend, magen- und lungenkrebshemmend und stärken das Immunsystem. Geschmacklich erinnern sie an Steinpilze.

Pfefferminze

Pfefferminze (und alle anderen Minzearten) gehört zu den ältesten Aroma- und Heilpflanzen der Welt. In Ägypten wurde sie bereits um 1200 v. Chr. kultiviert und schon im vorgeschichtlichen China war sie bekannt. So wird vermutet, dass die Pfefferminze von China über den Orient nach Ägypten und von dort in den Mittelmeerraum gelangt ist. Von Italien kam sie dann über die Klöster ins nördlichere Europa. Und auch hier in alten Klostergärten schätzte man die Pfefferminze als Heilmittel. In der Volksmedizin gehört sie neben der Kamille zu den gebräuchlichsten Heilpflanzen.

Im Rom der Antike feierte man sie als optimales Fleischgewürz, das »das Gemüt erregt und einen gierigen Appetit auf Fleisch erweckt«. Ein Effekt freilich, den man aus heutiger Ernährungsperspektive wohl eher skeptisch betrachten sollte.

Anwendung in der Küche

Frische und getrocknete Pfefferminzblätter unter dem Kopfkissen halten Mücken fern; in Schränken helfen sie gegen Motten.

Pfefferminze schmeckt brennend, würzig und erfrischend. Sie neigt dazu, andere Geschmacksnoten zu überdecken. Hohe Dosierungen empfehlen sich also nur, wenn man die therapeutischen Effekte der Minze braucht, für rein kulinarische Zwecke sollte sie eher sparsam dosiert werden. Sie wird bei Gemüse, Hülsenfrüchten, Fleisch, verschiedenen Saucen und Salaten eingesetzt. Sehr beliebt ist Pfefferminze als Zusatz zu Getränken wie grünem Tee und Longdrinks mit und ohne Alkohol.

Die Wirkstoffe

Der wichtigste Wirkstoff ist das Menthol. Es gehört zu den ätherischen Ölen mit stark krampflösendem Effekt. Die Pfefferminze wird dadurch zu einer wirksamen Heilpflanze bei allen Krankheiten, die mit einer starken Krampfbildung einhergehen. Daneben wirkt Menthol leicht anregend auf den Gallenfluss, der sich positiv auf den Fettstoffwechsel auswirkt.

Wissenschaftler diskutieren bereits, ob dieser Effekt ausreicht, erhöhte Cholesterinwerte zu senken.
Jüngere Untersuchungen der Universitätsklinik Kiel haben ergeben, dass Pfefferminzöl in der äußerlichen Anwendung bei Spannungskopfschmerzen kühlend und schmerzlindernd wirkt. Außerdem hemmt es die Botenstoffe Serotonin und Substanz P, die als biologische Übermittler des Kopfschmerzes gelten. In einem Experiment mit 164 Patienten konnte 10-prozentiges Pfefferminzöl bereits nach 15 Minuten die Schmerzen deutlich verringern. Damit erzielt es Erfolge wie Paracetamol und Aspirin, freilich ohne deren Nebenwirkungen.
Weitere Wirkstoffe sind die Enzyme Peroxydase und Katalase. Durch sie wird die Pfefferminze zu einem wirksamen Immun- und Blutkräftigungsmittel. Schließlich enthält sie überdurchschnittlich viele B-Vitamine, vor allem Riboflavin, Niazin und Folsäure, die sich außerordentlich belebend auswirken. Ihr Anteil ist in den frischen Blättern am höchsten. Packungen aus frischer Pfefferminze wirken wunderbar belebend auf der Haut, außerdem helfen sie bei Pickeln und Hautunreinheiten.
Für die längerfristige Anwendung bei Verdauungsbeschwerden ist Kümmel unproblematischer.

Pfefferminze kann in hohen Dosen wegen ihrer ätherischen Öle und der beiden Enzyme Peroxydase und Katalase giftig sein. Die Dosis von 3 Gramm Pfefferminze bei Erwachsenen und 2 Gramm bei Kindern pro Tag sollte daher nicht überschritten werden.

Die medizinischen Wirkungen

Die Pfefferminze unterstützt die Therapie und hilft vorbeugend bei

- Appetitlosigkeit
- Darmkoliken
- Durchfall
- Konzentrationsschwäche
- Kopfschmerzen
- Menstruationsbeschwerden

Pfefferminze und Ayurveda

Die Pfefferminze dämpft Vata und Pitta. Daher ist sie ein hervorragendes Mittel für alle, die sich über zu viele Dinge den Kopf zerbrechen und die leicht in Aufregung geraten. Pfefferminze macht den Kopf klar, reinigt ihn von Verspannungen und krampfhaftem Nicht-loslassen-Können, so dass wir leichter an neue Herausforderungen gehen können.

Der Pfefferminztee nach marokkanischer Art kann auch sehr gut zu opulenten Speisen gereicht werden. Die Heilstoffe von Minze und grünem Tee mobilisieren die Verdauung.

Teeaufguss

Bei akuten Verdauungsbeschwerden

2 TL Pfefferminzblätter · 200 ml Wasser

1 Die Blätter mit kochendem Wasser übergießen, 10 Minuten zugedeckt ziehen lassen.
2 Den Tee durch ein Sieb gießen. Trinken Sie drei Tassen pro Tag. Pfefferminztee ist besonders bei Verdauungsbeschwerden hilfreich, er unterstützt die Verdauung von fetten Speisen. Eine Stunde vor dem Essen getrunken beseitigt er Appetitlosigkeit.

Pfefferminzsirup

Zur Kräftigung und Erfrischung

2 Hand voll frische Pfefferminzblätter · 1/2 l Wasser
800 g Zucker

1 Die Blätter 20 Minuten im heißen Wasser ziehen lassen, dann den Tee abseihen.
2 Anschließend geben Sie 800 g Zucker hinzu, so lange rühren bis der Zucker gelöst ist.

Pfefferminztee, marokkanisch

Für die geistige Frische
Für 2–3 Portionen

3 gestrichene TL grüner Tee (Gunpowder) · 2 frische Pfefferminzzweige oder 2 TL getrocknete Pfefferminzblätter
20 g brauner Zucker · etwa 1 l Wasser

1 Das Wasser in einem Topf zum Kochen bringen. Den grünen Tee in einer Kanne (300 – 400 ml) mit dem Wasser übergießen, 90 Sekunden ziehen lassen, den ersten Aufguss wegschütten. Die Teeblätter nochmals überbrühen, den zweiten Aufguss 5 Minuten ziehen lassen, durch ein Sieb gießen und beiseite stellen.
2 Die Minze und den Zucker in eine andere Kanne oder einen Krug (etwa 150 – 200 ml) geben und mit dem restlichen Heißwasser überbrühen. 3 Minuten ziehen lassen, ebenfalls durch ein Sieb gießen.
3 In einer großen Kanne Pfefferminztee und grünen Tee miteinander vermischen. Zur Geschmackssteigerung kann man noch frische Pfefferminzblätter in die Tassen geben.

Das besondere Rezept

Zucchini mit Pfefferminze

Für 2 Portionen

1 kg Zucchini
8 EL Weizenkeimöl
1 Bund Pfefferminze
4 Knoblauchzehen
2 EL Essig
Salz, Pfeffer

1 Die Zucchini waschen, Blüten und Stielansatz abschneiden. Der Länge nach in dünne Scheiben schneiden und in heißem Öl hellbraun braten.
2 Die Minzeblätter waschen und fein hacken. Den Knoblauch abziehen und in hauchdünne Scheibchen schneiden.
3 Die Zucchinischeiben von beiden Seiten salzen und pfeffern. Abwechselnd mit Minze und Knoblauch in eine flache Schüssel schichten, dabei jede Lage mit Essig beträufeln.
4 Schließlich das Ganze mit Folie abdecken und im Kühlschrank ziehen lassen.

Zucchini mit Pfefferminze eignen sich als leicht verdauliches Abendessen, sie können aber auch als Beilage zu Hammelfleisch angeboten werden.

Rosmarin

Rosmarin ist ein ausgesprochen »poetisches« Kraut, denn es gibt kaum ein Volk, bei dem es nicht eine Legende darüber gäbe. In der römischen Mythologie etwa verliehen die Götter einem Mädchen ewiges Leben, indem sie es in die Blume »Rosemarie« verwandelten. Die zartblauen Blüten verdankt der Rosmarin christlichen Vorstellungen zufolge dem Umstand, dass Maria eine Windel des Jesuskindes über ihm trocknete, und Ophelia knüpfte im »Hamlet« einen Rosmarinkranz als Zeichen ihrer Treue. Trotzdem konnte sich Rosmarin hier zu Lande weniger als Gewürz denn als Medikament durchsetzen. In südlichen Küchen wird er jedoch in großem Umfang verwendet.

Anwendung in der Küche

Seinen Namen verdankt Rosmarin dem lateinischen »ros marinus« = Meertau, das wahrscheinlich auf seine zartblauen Blüten zurückgeht.

Rosmarin riecht durch seine ätherischen Öle ein wenig nach Kiefern und Weihrauch, sein Geschmack ist frisch und leicht bitter. Frische Rosmarinblätter besitzen einen intensiven Kampfergeschmack, der nicht jedermanns Sache ist. Zum Würzen ist daher getrockneter Rosmarin besser geeignet. Kaufen Sie jedoch auch hier die ganzen Stängel oder Blätter, um sie dann bei Bedarf über dem Essen zu zerreiben. Bereits vorgefertigtes Rosmarinpulver riecht mehr oder weniger nach Heu und besitzt nur noch wenig Würzkraft.

Spitzenreiter in der Verwendung von Rosmarin sind die Köche Italiens. Hier zu Lande führt das aromatische Gewürz ein Schattendasein, sieht man einmal von der Vielzahl der hiesigen italienischen Restaurants ab. Dabei schmeckt Rosmarin zu jeder Art Fleisch sowie zu Fisch, Tomaten, Käse und Pilzen. Er eignet sich wunderbar zum Aromatisieren von Essig und Öl. Die Gläser und Flaschen müssen allerdings gut verschlossen sein und einen dunklen Standplatz haben, sonst verliert Rosmarin an Farbe und Aroma. Besonders pikant und gesundheitlich wertvoll sind Rosmarinwein und Rosmarinhonig. Pfarrer Kneipp verschrieb früher den Rosmarinwein zur Kräftigung des Herzens und zur Beseitigung von niedrigem Blutdruck.

Die Wirkstoffe

Rosmarin ist ein hervorragendes Heilkraut. Es enthält viele ätherische Öle von Borneol über Cineol und Kampfer bis zum Pinen und hohe Anteile an Kalzium, Eisen, Niazin und Vitamin C.

Die ätherischen Öle wirken bei innerlicher Anwendung verdauungsfördernd, galleanregend, herzkräftigend und kreislaufstabilisierend. Rosmarin verbessert die Durchblutung des Herzmuskels, daher ist er wichtig bei Vorbeugung und Therapie von Herzerkrankungen.

Rosmarin enthält sehr viel Eisen. Als Gewürz wird er jedoch zu wenig verwendet, um therapeutisch wirken zu können.

In Form von Öl und Bädern fördert Rosmarin die Durchblutung, macht uns dadurch hellwach und verleiht neue Energien.

Rosmarin ist ein typischer Strauch der Mittelmeerregion. Dort wird er auch am meisten kultiviert und in der Küche verwendet.

Die medizinischen Wirkungen

Innerlich angewandt unterstützt Rosmarin die Therapie und hilft vorbeugend bei

- Angina pectoris
- Erschöpfung
- Gallenbeschwerden
- Herzinfarkt
- Herzschwäche
- Müdigkeit
- niedrigem Blutdruck

Äußerlich angewandt unterstützt Rosmarin die Wärmetherapie von

- Gelenkentzündungen
- Muskelverletzungen
- rheumatischen Erkrankungen
- Verstauchungen

Rosmarin und Ayurveda

Als typischer Mittelmeerstrauch ist Rosmarin der Ayurvedalehre unbekannt. Dennoch müssen seine großen psychischen Wirkungen erwähnt werden. Rosmarin gehört vor allem durch sein Aroma zu den wirksamsten Muntermachern. Er vertreibt die Müdigkeit, ohne uns hektisch und aufgedreht zu machen. Er ist vor allem dann wichtig, wenn wir uns längere Zeit auf unsere Sinne verlassen müssen wie bei längeren Autofahrten und konzentriertem Arbeiten. Durch seinen Einfluss auf Kreislauf und Durchblutung verbessert er Gedächtnis und Lernvermögen.

Rosmarinwein

Zur Stärkung von Herz und Kreislauf (nach Kneipp)

1 l Rotwein · 20 g getrocknete oder frische Rosmarinblätter

1 Wein und Rosmarin miteinander vermischen, 3–5 Tage verschlossen ziehen lassen.
2 Abgießen. Trinken Sie ein Glas zu den Mahlzeiten.

Tomatensuppe mit Orangen und Rosmarin

Die leicht bekömmliche Vorspeise
Für 4 Portionen

1 kg reife Tomaten · 1 Gemüsezwiebel · 1 Knoblauchzehe
1 TL Olivenöl · 100 ml Wasser · 1 TL Rosmarin · 2 Orangen
2 EL gehackte Petersilie · Salz · Pfeffer

1 Die Tomaten überbrühen, häuten und pürieren.
2 Die Zwiebel abziehen, fein hacken. Den Knoblauch abziehen und über die Zwiebel pressen. Im erhitzten Öl Zwiebel und Knoblauch dünsten. Das Tomatenpüree zugeben und 3 Minuten garen. 100 ml Wasser zugeben und kurz aufkochen lassen.
3 Den Rosmarin dazugeben, mit Salz und Pfeffer würzen, noch einmal 10 Minuten bei schwacher Hitze kochen lassen.
4 Eine Orange auspressen und den Saft in die Suppe geben. Die andere Orange schälen und in kleine Würfel schneiden. Diese ebenfalls unter die Suppe mengen.
5 Vor dem Servieren mit Petersilie bestreuen.

Auf den ersten Blick scheint es befremdlich, das traditionelle Fleischgewürz Rosmarin in Zwieback zu verarbeiten. Doch probieren Sie es einmal aus, Sie werden von dem anregenden Aroma des Gebäcks überrascht sein!

Rosmarinzwieback

Ein pikant-süßer Muntermacher
Für etwa 40 Teilchen

250 g Weizenvollkornmehl · 3 ganze Eier · 6 Eidotter
150 g Honig · 2 TL zerkleinerter Rosmarin · 1 EL gehackter Schnittlauch · etwas Butter zum Einfetten

1 Das Backblech einfetten, mit Mehl bestäuben. Die Eier, den Dotter und den Honig schaumig rühren, das Mehl mit Rosmarin und Schnittlauch mischen, die Eiermischung hineinkneten.
2 Den Teig etwa 1/2 cm dick ausrollen. Mit Backformen die Teilchen ausstechen und auf das Backblech heben. Mit etwas Wasser bestreichen und bei 190 °C (Umluft 160 °C, Gas Stufe 3) hellbraun backen.

Das besondere Rezept

Gebackenes Seelachsfilet mit Rosmarin

Für 2 Portionen

1 Zitrone
4 Seelachsfilets
2 Zwiebeln
1 Möhre
4 EL Olivenöl
3 TL zerkleinerter Rosmarin
Salz, Pfeffer
Alufolie

1 Die Zitrone auspressen und den Saft über den Fisch träufeln. Die Zwiebeln abziehen, würfeln. Die Möhre waschen, schälen und raspeln. Den Backofen auf 200 °C vorheizen.

2 Vier Stücke Alufolie in der Mitte einölen. Die Filets nach Belieben salzen und pfeffern und auf die Folien legen. Mit den Zwiebeln und der Möhre bedecken, den Rosmarin darüber streuen, die Folien über dem Fisch gut falten und schließen.

3 Auf einem Blech in den Ofen schieben und bei etwa 200 °C (Umluft 180 °C, Gas Stufe 3–4) 15 Minuten goldbraun backen. Zum Fisch passen hervorragend Salzkartoffeln und ein milder Weißwein.

Rosmarin passt zu allen hellen Fleischsorten wie zum Beispiel Kaninchen sehr gut. Er wird aber auch gern in Wildgerichten und für würzige Marinaden verwendet.

Safran

Der Name »Safran« kommt aus dem Arabischen: »Záfran« bedeutet so viel wie »gelb sein«. So ist Safran gleichsam ein Zwitter, nämlich Färbemittel und Gewürz zugleich. Wenn Sie Hefeteig mit Safran würzen, bekommt er eine besonders schöne, gelbbraune Kruste. Safran ist das teuerste Gewürz der Welt, ein Gramm von ihm kostet etwa so viel wie 400 Gramm Ingwer oder 700 Gramm Koriander. Gründe für diese atemberaubenden Preisunterschiede: Die Narben des Safrankrokus sind sehr klein, 20 000 von ihnen ergeben gerade einmal 125 Gramm; außerdem müssen sie von Hand geerntet werden. Safran wurde vermutlich zuerst in Kleinasien angebaut, Ägypter und Römer nutzten ihn für Medikamente und Parfüms sowie zur Veredelung von Wein und anderen Lebensmitteln. Heute kommt Safran aus Griechenland, Iran, Marokko und Kaschmir. Größter Lieferant ist allerdings Spanien, wo der Safran auch als Küchengewürz fest etabliert ist.

Anwendung in der Küche

Safran ist sehr teuer, aber die Würzkraft seiner Fäden ist einzigartig. Es reichen bereits kleinste Mengen aus, um einer Mahlzeit den unverwechselbaren Safrancharakter zu verleihen.

Safran besitzt einen ganz eigenen Charakter. Sein, Geruch ist überaus intensiv, sein Geschmack ist bitter und hocharomatisch zugleich. Darüber hinaus besitzt Safran eine starke Färbekraft. Nicht umsonst verwendete man ihn früher zum Einfärben von Kleidungsstücken.

Wenn Sie Safran noch nicht kennen, probieren Sie ihn erst einmal vorsichtig aus. Streuen Sie ihn nicht direkt in die Speisen (Ausnahme: Suppen). Lösen Sie ihn erst einmal in etwas Milch oder heißem Wasser, damit er sich in den Speisen gut verteilt.

Safranhochburgen sind derzeit Spanien mit seinen Paellas und Zarzuelas, Frankreich mit seiner Bouillabaisse und Italien mit seinem Risotto. In England verwendet man ihn für Süßspeisen und Liköre. Safran eignet sich als Gewürz zu Fisch, Lamm, Hammel, Frischkäse, geschmortem Gemüse und Obst sowie zu Gebäck.

Die Wirkstoffe

Safran besitzt ganz spezielle Wirkstoffe. Herausragend ist sein Gehalt am gelben, wasserlöslichen Farbstoff Crocin, der den Speisen seine typisch gelbe Färbung verleiht, vorausgesetzt, er findet genügend Lösungsflüssigkeit vor.
Der Bitterstoff Picrocrocin wirkt appetitanregend und ist verantwortlich für die durchdringende Bitterkeit des Safrans. Die ätherischen Öle, vor allem Safranal, regen die Magensaftsekretion an, in hohen Dosierungen erregen sie die Muskulatur der Gebärmutter. So wurde Safran früher bei Abtreibungen verwendet. Allerdings bedarf es dazu sehr großer Mengen. Die normalen Dosierungen zum Würzen stellen für schwangere Frauen keinerlei Risiko dar.
Safran enthält große Mengen an B-Vitaminen, vor allem an Riboflavin. Dieser Biostoff kurbelt die Energieproduktion aus Fetten und Kohlenhydraten an.

Früher wurde Safran häufig als Medikament eingesetzt, was aus heutiger Sicht nicht mehr zu empfehlen ist. Nichtsdestoweniger ist Safran ein edles und hochwirksames Gewürz, das viele gesundheitliche Vorzüge besitzt.

Die medizinischen Wirkungen

Safran unterstützt die Therapie und hilft vorbeugend bei

- Haarschuppen
- Konzentrationsschwäche
- Lichtempfindlichkeit
- Lippenrissen
- Magenträgheit
- Muskelschwäche

Vorsicht: Hohe Safrandosierungen über 5 Gramm erhöhen das Risiko von Früh- und Fehlgeburten.

Safran und Ayurveda

Safran ist ein zentrales Gewürz der Ayurvedalehre. Er ist sattvischer Natur, stärkt also positive Energien wie Liebe, Hingabe und Mitgefühl. Safran hilft Menschen mit überstarkem Pittaanteil, die ihr Leben allzu stark nach Vernunft und Moral ausrichten und ihre Spontaneität unter einem dichten Netz aus Logik und selbstauferlegten Verhaltensregeln zu ersticken drohen. Safran macht sinnlich, er gilt sogar als Aphrodisiakum.
Schließlich stärkt das Edelgewürz unsere individuelle Verdauungskraft Agni und sorgt für eine wohlige Durchwärmung unseres Körpers.

Schmorapfel mit Safran und Sahne

Zur besseren Konzentrationsfähigkeit
Für 4 Portionen

6 Äpfel (süßsauer) · 4–5 Safranfäden · 2 EL Milch · 1 gestrichener TL Zimt · 1 Messerspitze gemahlener Koriander · 2 TL Ghee (Butterreinfett) · 1 EL brauner Rohrzucker · 2 EL Sahne

1 Die Äpfel waschen, entkernen und klein schneiden. Die Safranfäden 10 Minuten in die Milch einlegen, dann mit den anderen Gewürzen zu den Äpfeln geben.
2 Ghee in einer großen Pfanne erhitzen, den Zucker darin schmelzen lassen. Die Apfel-Safran-Mischung dazugeben. Bei schwacher Hitze noch etwa 15 Minuten kochen lassen, dann die Sahne hinzufügen.

Frischkäse mit Safran und Muskat

Gegen Lichtempfindlichkeit
Für 2 Portionen

4–5 Safranfäden · 2 EL Milch · 200 g Frischkäse · 100 g Joghurt (3,5% Fett) · 50 g Puderzucker · 1 Messerspitze geriebene Muskatnuss · 1 Messerspitze gemahlener Kardamom

1 Die Safranfäden etwa 10 Minuten in die Milch legen. In einer Schüssel Frischkäse mit Joghurt und Zucker vermischen.
2 Safran mit der Milch und den Gewürzen in die Käsemischung hineinrühren.

Weiße Bohnen mit Safran

Um den Magen zu mobilisieren
Für 4 Portionen

250 g weiße Bohnen · 2 Zwiebeln · 80 g Butter · 4–5 Safranfäden · 1 gestrichener TL schwarzer Pfeffer · 3 EL gehackte Petersilie · Salz

1 Die Bohnen über Nacht in Wasser einweichen. Am nächsten Tag in frischem Wasser zum Kochen bringen.
2 Eine Zwiebel abziehen, hacken, mit Butter, Safran und Pfeffer den Bohnen beimischen. Kochen, bis die Bohnen gar sind.
3 Die zweite Zwiebel abziehen, in Ringe schneiden und mit der Petersilie den Bohnen beifügen. Noch 2–3 Minuten bei schwacher Hitze kochen lassen, mit Salz abschmecken.

Weiße Bohnen mit Safran werden oft in Marokko gekocht. Eine interessante Geschmacksnote ergibt sich, wenn Sie etwas weniger Pfeffer nehmen und dafür einen gestrichenen Teelöffel Koriander beimischen.

Das besondere Rezept

Kabeljaufilets mit Safran

Für 2 Portionen

2 große Kabeljaufilets
4 mittelgroße Kartoffeln
1 Knoblauchzehe
3 EL Olivenöl
100 ml Wasser
etwas Mehl
100 ml Weißwein
5–6 Safranfäden
Salz
Pfeffer

1 Die Fischfilets halbieren, die Kartoffeln schälen und in feine Scheiben schneiden, den Knoblauch darüber pressen.

2 Das Olivenöl in einer Pfanne anwärmen und die Kartoffelscheiben dazu geben und salzen.

3 10 Minuten anrösten. Sobald die Kartoffelscheiben bräunen, das Wasser hinzugießen und 5 Minuten kochen lassen.

4 Die Fischfilets salzen und im Mehl wenden. Auf die Kartoffeln legen und die Pfanne verschließen. Nach 5 Minuten den Wein darüber gießen und die Kartoffeln pfeffern.

5 Mit Safran bestreuen, der durch die Kochflüssigkeit verteilt wird. Weitere 5 Minuten schmoren lassen.

Die Kabeljaufilets auf Bratkartoffeln sind eigentlich ein recht bäuerliches Gericht, doch durch den Safran erhalten sie einen kostbaren Duft. Zu den Filets passen gemischter Salat und Weißwein.

Salbei

Auf der Welt gibt es insgesamt 900 unterschiedliche Salbeiarten, doch nur wenige von ihnen werden extra zu Heilzwecken gesammelt oder angebaut. Dazu zählen vor allem »Salvia officinalis« und »Salvia triloba«, »Salvia sclarea« wird aufgrund seiner starken Muskatnote von der Kosmetikindustrie angebaut.

In Deutschland dominiert der Gartensalbei *(Salvia officinalis)*. Man findet ihn überwiegend in Gärten, in jüngerer Zeit zeigt er sich auch häufiger in verwilderter Form.

Anwendung in der Küche

Salbei gilt als klassisches Heilmittel, mit dem man gurgelt, wenn es im Hals brennt. In der Küche wird er daher stark unterschätzt und vernachlässigt.

Salbei schmeckt betont bitter, was allerdings beim frischen Kraut weniger ausgeprägt ist als beim getrockneten. Sicherlich muss er sparsam verwendet werden, denn bittere Geschmacksnoten sind nicht jedermanns Sache. Wohl dosiert ist er eine ideale Würze für Fleisch, Fisch und Gemüse. In der französischen Küche wird er gern den Gänsefüllungen beigegeben. Allzu süße Obstsalate können mit Salbei wirksam gemildert werden, er kann also den Retter spielen, wenn der Griff in die Zuckerdose zu tief ausgefallen ist oder überreife Früchte verwendet wurden.

Ein alter Spruch besagt: »Nimm häufig Salbei an die Speis, und du wirst nie ein Tattergreis.«

Der grundsätzliche Charakter des Salbeis ist die Kühle – darin unterscheidet er sich von Heißmachern wie Pfeffer oder Chili.

Die Wirkstoffe

Hauptwirkstoffe des Salbeis sind die ätherischen Öle. Sie hemmen über ihren Einfluss auf das Wärmeregulationszentrum im Gehirn unsere Schweißabsonderung. Einige davon wirken außerdem entzündungshemmend, antiseptisch und auch durchblutungsfördernd.

Der Salbeiwirkstoff Salvin wirkt ähnlich wie Penicillin, tötet bestimmte Bakterien ab wie etwa den Staphylococcus aureus.

Dieser Mikroorganismus siedelt sich schon kurz nach unserer Geburt im oberen Nasen-Rachen-Raum an. Wenn es dann dort zu einer Verletzung kommt oder allgemein eine Immunschwäche vorliegt, ist seine Zeit gekommen, um uns zu infizieren und für allerlei Krankheiten zu sorgen, vom Abszess bis zu Entzündungen am Herzen. Auch Blutvergiftungen stehen damit in Zusammenhang.

Die im Salbei enthaltene Rosmarinsäure ist ein ungemein zielgerichteter Entzündungshemmer. Sie blockiert Enzyme, die am Zustandekommen von typischen Entzündungsreaktionen (Schwellung, Rötung und Schmerzen) beteiligt sind. Außerdem wirkt Rosmarinsäure adstringierend, was den Heilungsverlauf erheblich beschleunigt.

Die Kombination aus Rosmarinsäure und den ätherischen Ölen des Salbeis machen dieses Kraut zu einem der wirksamsten entzündungshemmenden Heilmittel überhaupt.

Salbei sollte nicht in größeren Mengen verzehrt werden, da er dann zu Schwindelanfällen und Übelkeit führen kann. Beim normalen Würzen besteht jedoch kein Risiko.

Medizinische Wirkungen

Salbei unterstützt die Therapie und hilft vorbeugend bei

- Darmentzündungen
- Durchfall
- grippalen Infekten
- Halsentzündungen
- Hyperhydrosis (übermäßige Schweißabsonderung)
- Magenschleimhautentzündungen
- Nachtschweiß
- Rachenentzündungen
- Zahnfleischentzündungen

Mit Salbeitee kann man das Abstillen erleichtern. Stillende Mütter sollten daher auf Salbei verzichten.

Salbei und Ayurveda

Beim Salbei dominieren die Energie reduzierenden und beruhigenden Effekte. Er hilft nervösen Menschen mit starkem Vataanteil, die zu schnell und zu viel reden, sich zu schnell aufregen und begeistern. Als sattvisches Gewürz hilft er uns, wenn ein starker Hang zur »Überhitzung« besteht, wenn wir also leicht aggressiv sind und öfter von Fieber und Entzündungen heimgesucht werden. Salbei ist auch das richtige Gewürz zum Abkühlen von Zorn und Übermut.

Hochdosierter Salbeitee

Gegen Zahnfleisch- und Rachenentzündungen

2 EL zerkleinerte Salbeiblätter · 150 ml Wasser

1 Den Salbei mit kochendem Wasser überbrühen, 10 Minuten ziehen lassen.
2 Durch ein Sieb gießen. Zum Gurgeln und Mundspülen verwenden.

Salbeimilch

Gegen Husten

1 TL zerkleinerte Salbeiblätter · 150 ml Milch

1 Die Milch und den Salbei miteinander aufkochen und 3 Minuten ziehen lassen.
2 Durch ein Sieb gießen und in kleinen Schlucken trinken. Zwei Tassen davon pro Tag vertreiben grippale Infekte und Husten.

Apfelbrei mit Salbei

Der Apfel zählt zu den alten Volksmitteln gegen starken Durchfall. Zusammen mit Salbei wird diese Wirkung noch verstärkt. Allerdings sollte während der Apfel-Salbei-Diät viel getrunken, aber nur sehr wenig gegessen werden.

Gegen Durchfall
Für 1 Portion

2 – 3 süßsaure Äpfel · 1 TL Honig · 1 TL zerkleinerte Salbeiblätter · 1 EL Butter · 1 Messerspitze Paprika (edelsüß)

1 Die Äpfel schälen, entkernen, klein schneiden und mit wenig Wasser zu Mus zerkochen.
2 Den Honig, den Salbei und die Butter einrühren, mit Paprika abschmecken und etwa 10 Minuten ziehen lassen.
3 Apfelbrei mit Salbei hilft nicht nur gegen Durchfall, er kann auch zu Enten- oder Gänsebraten serviert werden.

Salbeikalbsschnitzel

Ein leicht bekömmliches Gericht
Für 1 Portion

1 Kalbsschnitzel · 4 frische Salbeiblätter

1 In das Schnitzel der Länge nach eine Tasche schneiden und mit den Salbeiblättern füllen.
2 Dann die Öffnung mit Zahnstochern verschließen und das Schnitzel in heißer Butter braun anbraten.

Das besondere Rezept

Salbeiküchlein

Für 2 Portionen

12 frische Salbeiblätter
200 g Mehl
200 ml Bier
(am besten Export oder Pilsener)
4 Eigelb
2 Eiweiß
Zucker
Salz
Ausbackfett

1 Die Salbeiblätter waschen und trockentupfen.
2 Das Mehl mit dem Bier verrühren, dann das Eigelb beifügen.
3 Den Teig 10 Minuten stehen lassen. Eiweiß mit Zucker steif schlagen und mit einer Prise Salz unter den Teig heben.
4 Die Salbeiblätter einzeln durch den Teig ziehen. Sofort in reichlich Fett ausbacken. Die Salbeiküchlein auf Küchenpapier entfetten und heiß servieren.

Tip Salbeiküchlein eignen sich als reizvolle Beilage zu Braten oder Käsegerichten, aber auch zum Knabbern mit Bier oder Wein.

Salbei ist nicht gleich Salbei. Abgesehen von unserem »Salvia officinalis« gibt es noch zahlreiche andere Salbeiarten wie Griechischen Salbei, Muskateller Salbei, Purpursalbei, Dalmatinischen Salbei.

Schwarzkümmel

Schon die alten Ägypter streuten Schwarzkümmel auf ihr Fladenbrot, die Leibärzte Tutenchamuns hatten immer ein Schälchen von ihm parat, weil sie seine verdauungsfördernden und schmerzstillenden Eigenschaften zu schätzen wussten. Im 17. Jahrhundert wurde er in Europa zu kosmetischen Zwecken für Puder und Duftwasser eingesetzt. Gemahlene Schwarzkümmelsamen wurden in ein Stück Stoff eingewickelt, sorgfältig erhitzt und vor die Nase gehalten, um geschwächte Geruchsnerven wieder zu aktivieren. In der Küche erreichte Schwarzkümmel hier zu Lande nie eine große Bedeutung ganz im Unterschied zu Indien, wo er zu den Standardgewürzen gehört.

Schwarzkümmel *(Nigella sativa)* wird gerne mit dem schwarzen Kreuzkümmel *(Cuminum)* verwechselt. Geschmacklich und medizinisch bestehen zwischen beiden jedoch große Unterschiede.

Anwendung in der Küche

Schwarzkümmel besitzt ein schwaches Aroma, sein Geschmack ist leicht nussig und herb, erinnert an Mohn und Oregano. Im Unterschied zu den anderen Kümmelarten schmeckt er weniger intensiv, weswegen er auch in der indischen Küche ungemahlen zu Gemüse und Hülsenfrüchten gegeben wird.
Er kann aber auch – genauso wie der Kreuzkümmel – geröstet werden, um ihn dann aufs Brot zu streuen, wie es etwa in Indien, der Türkei und im Mittleren Osten üblich ist. Aufgrund seines schwachen Aromas und seines dezenten Geschmacks kann Schwarzkümmel gut mit anderen Gewürzen kombiniert werden. So bildet er beispielsweise eine ideale Ergänzung zu Knoblauch, Koriander, Bohnenkraut, Ajowan und Thymian. Er ist ein Bestandteil der Gewürzmischungen Panch phoron, Curry und Garam masala.

Die Wirkstoffe

Schwarzkümmel enthält viele wirksame ätherische Öle: Pinene, Cymen, Linalool, Borneol, Carvon, Thymol und andere. Außerdem findet man im Schwarzkümmel große Mengen an mehrfach ungesättigten Fettsäuren wie Linol- und Gammalinolensäure. Sie greifen unterstützend in unseren Immunapparat ein, helfen dadurch bei Abwehrschwäche, Allergien und entzündlichen Gelenkerkrankungen. Untersuchungen des Krebsforschungslabors in Hilton Head Island (USA) ergaben außerdem positive Ergebnisse bei Vorbeugung und Therapie von Krebserkrankungen. Schwarzkümmelöl stärkt nicht nur das Immunsystem, sondern schützt die Körperzellen vor aggressiven Substanzen. Für die Therapie bereits existierender Tumore muss jedoch zu Präparaten mit hoch dosiertem Schwarzkümmelöl gegriffen werden.

Gegen Akne und Hautekzeme: Eine Tasse Schwarzkümmelsamen mit zwei Tassen Apfelessig vermischen und 6 Stunden ziehen lassen. Abgießen und 24 Stunden stehen lassen. Ein Tuch damit tränken und vor dem Zubettgehen 10 Minuten aufs Gesicht legen.

Die medizinischen Wirkungen

Schwarzkümmel unterstützt die Therapie und hilft vorbeugend bei

- Abwehrschwäche
- Allergien
- Arthritis
- Blähungen
- Rheuma
- Verdauungsträgheit

In äußerlicher Anwendung hilft Schwarzkümmel gegen:

- Akne
- Hautekzeme

Regelmäßiges Würzen mit Schwarzkümmel wirkt vorbeugend gegen Krebs, hoch dosierte Anwendungen mit dem Öl haben Chancen in der Therapie bestehender Krebsgeschwüre.

Schwarzkümmel und Ayurveda

Wie die anderen Kümmelarten auch stimuliert Schwarzkümmel unsere individuelle Verdauungskraft Agni. Er wirkt in geringem Maß anregend auf Vata und dämpfend auf Pitta, er zählt zu den Gewürzen mit leicht kühlender Wirkung auf Körper und Gemüt. Gerade pittalastige Menschen besitzen nach ayurvedischer Lehre eine verstärkte Neigung zu Hautausschlägen. Die pittadämpfenden Eigenschaften des Schwarzkümmels korrespondieren also mit seinen mehrfach ungesättigten Fettsäuren, die auch bei Neurodermitis hilfreich sein können.

Schwarzkümmelsirup

Gegen Heuschnupfen

1 TL gemahlener Schwarzkümmel · 2 TL Honig
1 Knoblauchzehe

Schwarzkümmel hat einen hohen Gehalt an mehrfach ungesättigten Fettsäuren. Dieselben Substanzen findet man auch in Fisch und Avocados. Schwarzkümmel in Kombination mit einem dieser Nahrungsmittel kann daher bei der Behandlung von Allergien und rheumatischen Entzündungen sehr hilfreich sein.

1 Den Schwarzkümmel mit Honig vermengen, Knoblauch abziehen und darüber pressen, alles gut durchrühren.
2 Nehmen Sie davon vor dem Frühstück und dem Abendessen jeweils 1 Teelöffel ein. Beginnen Sie bei Heuschnupfen mit der Kur bereits einige Wochen vor dem für Sie problematischen Pollenflug.

Schwarzkümmel-Hagebutten-Tee

Zur Stärkung der Abwehrkraft

1 EL gemahlener Schwarzkümmel · 1 EL Hagebuttenschalen
1 TL Süßholz

1 Alle Zutaten miteinander vermischen. Für den Teeaufguss 2 Teelöffel der Mischung mit einer Tasse heißem (nicht kochendem!) Wasser übergießen.
2 10 Minuten zugedeckt ziehen lassen, abseihen. Trinken Sie davon zwei Tassen pro Tag.

Schwarzkümmelbrötchen

Für das leichte Frühstück
Für etwa 30 Brötchen

1 kg Weizenvollkornmehl · 750 ml lauwarmes Wasser
20 g Salz · 20 g Butter · 50 g Hefe · 20 g Honig
2 EL Schwarzkümmelsamen · Fett zum Einstreichen

1 Das Mehl in eine Schüssel geben. Hefe in etwas Wasser auflösen und in die Mitte geben, Salz und Honig beifügen und von der Mitte aus mit dem Fett vermengen. Das Wasser langsam hinzugießen, den Teig durchkneten, bis er geschmeidig wird.
2 Den Teig zugedeckt 30 Minuten gehen lassen. Auf einer bemehlten Arbeitsplatte ausrollen. Noch einmal zusammenkneten und mandarinengroße Bällchen formen. Mit Schwarzkümmelsamen bestreuen, leicht andrücken.
3 Im Backofen auf einem eingefetteten Blech bei 200 °C (Umluft 180 °C, Gas Stufe 3–4) backen, bis die Brötchen schön knusprig sind.

Das besondere Rezept

Gefüllte Paprikaschoten

Für 4 Portionen

4 große Paprikaschoten
1 Zwiebel
4 TL Olivenöl
150 g gemischtes Rinder- und Schweinehack
1 TL gemahlener Schwarzkümmel
1 Knoblauchzehe
40 g Langkornreis
1 Messerspitze geriebene Muskatnuss
120 ml Wasser
2 EL gehackte Petersilie
200 ml Tomatenmark
4 TL Zitronensaft
1 Messerspitze gemahlener Koriander
Salz, Pfeffer

1 Den Paprika entkernen und 3 Minuten blanchieren.
2 Die Zwiebel würfeln. Das Öl erhitzen, die Zwiebel andünsten. Fleisch, Schwarzkümmel und Muskatnuss dazugeben, Knoblauch darüber pressen und alles braten.
3 Den Reis mit 40 ml Wasser kochen, bis das Wasser aufgesogen ist. Die Petersilie darunter rühren, dann salzen und pfeffern.
4 Die Paprika mit der Masse füllen, gerade in den Topf stellen.
5 Das Tomatenmark mit restlichem Wasser verdünnen, Zitronensaft, Koriander und Salz hinzugeben. Die Sauce über die Paprikaschoten gießen, bei mittlerer Hitze 15 Minuten garen.

In arabischen Ländern wird der Kaffee gern mit Schwarzkümmel vermischt. Dazu brauchen Sie nur etwas gemahlenen Schwarzkümmel Ihrem Kaffeepulver beizufügen, wenn Sie den Kaffee in den Filter geben. Schwarzkümmelkaffee ist sehr bekömmlich.

Senf

Die Senfsamen existieren in drei Varianten, als schwarzer, indischer und weißer Senf. Alle drei werden kulinarisch überall auf der Welt genutzt, medizinisch am bedeutsamsten ist der schwarze Senf. Der weiße Senf ist eine sehr alte Würzpflanze aus dem Vorderen Orient und den Mittelmeerländern. Schon in der Bibel ist das Gleichnis vom Senfkorn zu lesen. Die Griechen würzten mit Blättern und Samen; vom Römer Columella stammt aus dem Jahr 50 n. Chr. das erste Senfrezept. In unseren Breiten überwiegen die industriell hergestellten Senfpasten. In ihnen findet man allerdings auch noch andere Gewürze und vor allem Salz. Einigen Produkten sind außerdem noch Farb- und Konservierungsstoffe zugesetzt. Sie sind daher für die medizinische Therapie ungeeignet.

Anwendung in der Küche

Schärfe und medizinische Wirkung des Senfes entstehen erst beim Zerstampfen der Körner mit einem Lösungsmittel wie zum Beispiel Wasser oder, beim Zerkauen, Speichel.

Der weiße Senf schmeckt intensiv, ist aber nur von geringer Schärfe. Ganz im Unterschied zum schwarzen Senf, der uns die Haare regelrecht zu Berge stehen lässt. Geschmacklich in der Mitte von beiden steht der indische Senf, er ist besonders reich an fettem Öl. Man bekommt ihn allerdings in Europa nur selten. Beim Bordeauxsenf werden die Samen mitsamt ihren geschmacksneutralen Schalen geschrotet, er ist daher vom Geschmack mittelscharf. Beim Dijonsenf werden die schärfefreien Samenschalen abgesiebt. Sein Geschmack ist daher deutlich schärfer – das deutsche Gegenstück zum Dijonsenf ist übrigens der Düsseldorfer Löwensenf. Der bayerische Mostrich basiert fast ausschließlich auf weißem Senf und ist daher besonders mild. Ganz im Unterschied dazu wird der englische Senf aus schalenfreiem Schwarzsenfpulver und etwas Mehl hergestellt.
Senf eignet sich für eine ganze Reihe von Speisen, vor allem aber zu Fleischgerichten. Senfkörner halten sich in gut verschließbaren Gefäßen bis zu einem halben Jahr. Die Senfpasten werden leider zusätzlich zum Kochsalz immer noch mit Kon-

servierungsstoffen verunreinigt, obwohl die ätherischen Öle der Senfkörner allein schon das Wachstum von Pilzen und Bakterien verhindern. Es gibt aber auch Produkte, bei denen auf diese Unsitte verzichtet wurde. Achten Sie beim Kauf darauf!

Die Wirkstoffe

Medizinisch ist lediglich der schwarze Senf von Bedeutung. Er enthält große Mengen an Sinigrin und Myrosin, die sich im Wasser zu einem ätherischen Senföl verbinden. Dieses Öl wirkt in hohem Maß antibiotisch, vor allem auf Harnwege und Blase. Äußerlich aufgetragen mobilisiert es die Durchblutung der Haut. Darüber hinaus enthält schwarzer Senf große Mengen an Magnesium, Kalium, Kalzium, Zink und Kupfer, bei den Vitaminen beeindruckt der hohe Gehalt von Niazin. Dieses B-Vitamin stärkt die Widerstandsfähigkeit der Haut und ist unentbehrlich für das Funktionieren unseres Nervensystems.

Schwarzer Senf sollte nicht in größeren Mengen verzehrt werden, vor allem nicht von Menschen, die an einem Geschwür im Magen- und Darm-Bereich leiden. Seine scharfen Substanzen können an den erkrankten Stellen schmerzhafte Reizungen auslösen!

Die medizinischen Wirkungen

Senf unterstützt die Therapie und wirkt vorbeugend bei

- Blasenentzündungen
- Harnwegeentzündungen
- Heiserkeit
- Konzentrationsschwäche
- Müdigkeit

Wie auch die Senfpflaster fördern Breiumschläge aus schwarzem Senf die örtliche Durchblutung und erzeugen dadurch ein angenehmes Wärmegefühl. Sie werden deshalb zur Therapie von rheumatischen Erkrankungen eingesetzt.

Senf und Ayurveda

Schwarzer Senf verbessert die Verdauungskraft Agni, dämpft aber auf der anderen Seite Vata und Kapha. Dadurch hilft er vor allem Menschen, die zu nervöser Erschöpfung neigen und sich nur schwerlich zu irgendwelchen Tätigkeiten aufraffen können. Schwarzer Senf ist ein Willensgewürz, es stärkt den Antrieb und weckt das lösungsorientierte Denken. Wichtig: Für Menschen mit Neigung zum Perfektionismus ist Senf nicht geeignet, denn er verstärkt Pitta und damit den Wunsch, alles zu kontrollieren.

Breiumschlag

Zur Behandlung von rheumatischen Erkrankungen

120 g schwarze Senfsamen · Wasser

Falls es bei der Senfauflage zu Schmerzen kommt, muss die Behandlung sofort unterbrochen werden, da die Haut offensichtlich überempfindlich auf die Senföle reagiert. Die gerötete Stelle sollte dann mit etwas Olivenöl eingerieben werden.

1 Zerstampfen Sie die Samen mit einem Mörser in so viel warmem Wasser, dass eine dicke, streichfähige Paste entsteht.
2 Streichen Sie die Paste auf ein Tuch, das Sie auf die schmerzende Stelle legen. Die Haut wird vorher mit Gaze abgedeckt, damit der Senf nicht an ihr kleben bleibt.
3 Anwendung etwa 2 – 3 Minuten, 3-mal täglich wiederholen.

Senftee

Zur Behandlung von Heiserkeit

1 TL schwarze Senfsamen · 200 ml Wasser

1 Die Samen zerstoßen, mit kochendem Wasser übergießen.
2 Etwa 10 Minuten ziehen lassen, durch ein Sieb gießen. Jeweils eine Tasse zu den Mahlzeiten trinken.

Gewürzsahne zu gegrilltem Fleisch

Zur leichteren Verdauung

250 ml Sahne · 2 EL Tomatenmark · 1 EL scharfer Senf
1 EL Dill · 1 Messerspitze gemahlener Kreuzkümmel
1 TL Zitronensaft · Salz

Alle Zutaten miteinander vermischen und gut durchrühren.

Scharfes Erbsenpüree

Zur Verbesserung der Widerstandskraft
Für 2 Portionen

2 EL Ghee (Butterreinfett) · 1 TL schwarze Senfkörner
1 TL Koriander · 1 TL gemahlener Kreuzkümmel
1 TL gemahlener Ingwer · 200 g Tiefkühlerbsen · Salz
100 ml Wasser

1 Ghee im schweren Topf erhitzen, die Gewürze ohne Salz hinzufügen und sofort mit einem Deckel verschließen.
2 Den Topf vom Herd nehmen, wenn die Senfkörner hörbar springen. Erbsen und Wasser hinzufügen. Kurz aufkochen und einige Minuten bei schwacher Hitze kochen lassen.
3 Sind die Erbsen weich, werden sie gesalzen und püriert.

Das besondere Rezept

Schweinekotelett in Senfsauce

Für 2 Portionen

2 Schweine-
koteletts
1 halbes Glas Weiß-
wein (trocken)
etwas Wasser

2 TL scharfer Senf
1 TL Thymian
4 EL Kondensmilch
(ungezuckert)
Salz

1 Die Koteletts in einer beschichteten Pfanne anbraten, dann Weißwein, Wasser, Senf und Thymian hinzugeben.

2 Bei schwacher Hitze zugedeckt etwa 15 Minuten schmoren.

3 Die Pfanne vom Herd nehmen und die Kondensmilch in die Sahne rühren. Als Beilage empfehlen sich Salzkartoffeln mit Petersilie garniert und Rosenkohl mit Kümmel gewürzt.

Weißwein und Senf ergeben eine einzigartige Kombination. Der Weißwein muss allerdings trocken sein.

Thymian

Thymian stammt ursprünglich aus dem Vorderen Orient und dem Mittelmeerraum. Er gehört zu den ältesten und beliebtesten Kult-, Heil- und Würzkräutern. Die Griechen der Antike verwendeten ihn als Heil- und Gewürzpflanze (sie würzten Wein und Käse damit und räucherten mit Thymian ihr Fleisch) sowie für ihre Rauchopfer; daher stammt sein Name auch von »thymiama« = Rauchopfer. Seit Jahrtausenden ist auch der griechische Hymettoshonig bekannt, der sein Aroma von den Thymiansträuchern des gleichnamigen Berges hat. Heute gehört Thymian zu den wichtigsten Medikamenten bei Bronchialerkrankungen wie Asthma, Bronchitis und grippalen Infekten. In Frankreich wird er als Antibiotikum für die armen Leute bezeichnet. Denn Thymian ist zwar erheblich preiswerter als die dementsprechenden Pharmamittel, doch in der Wirksamkeit ist er ebenso gut.

Anwendung in der Küche

Thymian schmeckt streng und stark ätherisch, darf daher nur sparsam verwendet werden, wenn die Speisen nicht zu medizinisch schmecken sollen.

In der Küche werden Blätter, Blüten und Kraut entweder frisch oder getrocknet, grob gehackt oder gerebelt verwendet. Wenn Sie Thymian selbst anbauen, so werden die Blätter kurz vor der Blüte geschnitten, denn da sind sie am aromatischsten. Thymianzweige lassen sich auch sehr gut trocknen.

Meister der Thymianwürze sind die Köche der französischen Provence, die ihn für die unterschiedlichsten Speisen einsetzen, vom Wildbraten über Gewürzgurken bis zum Kräuterlikör. Gerade Fleisch kann durch Thymian nur gewinnen, nicht nur an Verdaulichkeit, sondern auch an Geschmack. Besonders pikant schmeckt er zu Lammbraten.

Bei den Gemüsegerichten gewinnen vor allem die mediterranen Gemüsesorten, dann Bohnen-, Tomaten- und Kartoffelsuppen sowie Pilzgemüse durch Thymian. Zu Salaten empfiehlt er sich bei Bohnen, Tomaten, Kartoffeln und Rote Bete.

Neben dem echten Thymian gibt es noch zahlreiche Arten wie den wilden Thymian (Quendel), Feld-, Kümmel-, Orangen- und Zitronenthymian, die sich in Blatt, Blüte und Aroma unterscheiden.

Die Wirkstoffe

Unter den ätherischen Ölen des Thymians dominieren der Thymiankampfer (Thymol) sowie Caravacrol und Cymol. Sie werden beim Verdauen in den Blutkreislauf eingeschleust und über die Atemwege abgedampft. Hierbei entfalten sie schleim- und krampflösende sowie stark antibiotische Eigenschaften. Thymian hemmt außerdem das Wachstum von schädlichen Bakterien und Pilzen.

Thymian ist auch ein wichtiger Eisenlieferant. Er kann bei Blutarmut eine wertvolle Hilfe sein. Sein relativ hoher Zinkanteil unterstützt unser Immunsystem.

Die Gerbstoffe des Thymians verändern Eiweißstrukturen in den Darmwänden. In Zusammenarbeit mit den antibiotischen Thymianölen bilden sie ein wirksames Heilmittel bei Darminfektionen. Die Thymiangerbstoffe kommen besonders in Teemischungen mit Fenchelsamen zum Tragen.

Die Bakterien und Pilze abtötende Wirkung des Thymians tritt bereits bei geringsten Dosierungen auf. Schon eine Lösung von 1:3000 hemmt schädliche Erreger in ihrer Entwicklung.

Medizinische Wirkungen

Thymian unterstützt die Therapie und hilft vorbeugend bei

- Asthma bronchiale
- Blutarmut
- Bronchitis
- Darmentzündungen
- grippalen Infekten
- Keuchhusten
- Mandelentzündungen
- Rachenentzündungen
- Schnupfen
- Verdauungsstörungen
- Wurmerkrankungen

Thymian und Ayurveda

Thymian stärkt unser Kaphaprinzip. Er fördert also unser Gedächtnis, befreit unsere Atmung und schafft uns eine weiche und sanfte Haut. Außerdem wirkt er entspannend, ohne müde zu machen. Thymiantee oder thymianhaltige Speisen sind das Richtige für Menschen, die längere Zeit geistig hart arbeiten müssen. Das Gewürz hilft uns bei der Koordination unserer Gedanken, wir werden weniger abgelenkt und können uns dadurch besser konzentrieren. Thymiantee ist für die geistige Konzentration wesentlich besser geeignet als der allgemein übliche Kaffee oder auch starker schwarzer Tee.

Thymiantee

Bei Atemwegsinfektionen

1 gehäufter Teelöffel Thymian · 200 ml Wasser

1 Thymian mit kochendem Wasser überbrühen, 10 Minuten zugedeckt ziehen lassen und durch ein Sieb gießen.
2 Trinken Sie drei Tassen pro Tag.

Tip Thymiantee eignet sich auch zum Inhalieren. Dazu brauchen sie eine Schüssel, 1 Liter Wasser und 3 Esslöffel Thymiankraut.

Thymian-Fenchel-Tee

Bei Darminfektionen

1 gestrichener TL Thymian · 1 gestrichener TL Fenchelsamen
200 ml Wasser

1 Beide Kräuter mit kochendem Wasser überbrühen, den Tee 10 Minuten zugedeckt ziehen lassen, durch ein Sieb gießen.
2 Trinken Sie drei Tassen pro Tag zu den Mahlzeiten.

Der Thymian-Fenchel-Tee kann mit etwas Pfefferminze geschmacklich aufgebessert werden.

Grüne Bohnen mit Thymian und Speck

Zur besseren Verdauung
Für 2 Portionen

500 g grüne Bohnen · 1 Zwiebel · 1 EL Weizenkeimöl
100 ml Wasser · 1 Messerspitze Oregano · 1 TL Thymian
1 Knoblauchzehe · 30 g Räucherspeck · 100 ml saure Sahne
Salz · Pfeffer

1 Die Bohnen waschen, putzen, klein schneiden. Die Zwiebel abziehen und eine Hälfte würfeln.
2 Die halbe Zwiebel glasig werden lassen, Bohnen hinzugeben.
3 Mit Wasser aufgießen, mit Oregano und Thymian würzen, den Knoblauch abziehen und dazupressen. Den Topf schließen und alles 30 Minuten garen.
4 Die verbliebene Zwiebelhälfte und den Speck würfeln. Den Speck in einer Pfanne bräunen, die Zwiebelstücke dazugeben und unter ständigem Rühren mitbräunen.
5 Die fertigen Bohnen mit Sahne, Salz und Pfeffer abschmecken und auf zwei Teller verteilen. Den Zwiebelspeck auf die beiden Portionen geben.

Das besondere Rezept

Steak Provence

Für 2 Portionen

2 dicke Schweinesteaks (je 200 g)	*1 EL Thymian*
1/2 Brötchen (1 Tag alt)	*1 EL Sahne*
2 Knoblauchzehen	*1 Eigelb*
1 EL fein gehackte Petersilie	*2 EL Olivenöl*
	Salz, Pfeffer

1 In die Steaks in Längsrichtung jeweils eine Tasche schneiden. Für die Füllung das Brötchen in heißem Wasser einweichen und sorgfältig ausdrücken.

2 Die Knoblauchzehen abziehen und mit der Presse in die Brötchenmasse drücken. Die Kräuter, die Sahne und das Eigelb hinzugeben und vermischen. Mit Salz und Pfeffer würzen.

3 Diese Mischung in die Steaktaschen füllen, mit Zahnstochern verschließen und in einer Pfanne in heißem Olivenöl bei mittlerer bis starker Hitze garen.

Zu Steak Provence reichen Sie am besten Folienkartoffeln oder Kroketten.

Zimt

Zimt, auch Kassie genannt, wurde schon vor 4500 Jahren von den Chinesen als Gewürz verwendet. Im antiken Rom galt er als große Kostbarkeit, danach geriet er jedoch erst einmal wieder in Vergessenheit. Erst im 16. Jahrhundert entdeckten die Portugiesen Ceylon (das heutige Sri Lanka) und damit den Ceylonzimt, dessen Handelsmonopol sie allerdings schon sehr bald an die Holländer verloren. Heute zählt Zimt zu den gebräuchlichsten Gewürzen überhaupt. Man gewinnt ihn aus der getrockneten Rinde verschiedener Zimtbaumarten. Hauptlieferanten sind China, Indien, Sri Lanka, Indonesien, Brasilien und die Inseln des Indischen Ozeans. Ceylonzimt hat mit Abstand die beste Qualität.

Anwendung in der Küche

Zimt besitzt ein angenehm süßes und holziges Aroma mit hoher, aber nicht beißender Intensität. Der Geschmack ist süßwürzig, er erzeugt ein wohlig-warmes Gefühl.

Es gibt mittlerweile eine ganze Reihe von unterschiedlich schmeckenden Zimtsorten. In Deutschland dominieren Ceylonzimt (Ceylonkaneel) und Chinazimt (Cassiazimt). Ceylonzimt ist hellbraun mit einer zarten Süße in Duft und Aroma. Je dünner die Rinde ist, umso besser der Geschmack. Sind die Rindenstreifen getrocknet, rollen sie sich von beiden Seiten auf. Auch gemahlen ist der Ceylonzimt von heller Farbe und zartem Aroma. Cassiazimt stammt aus Südchina, vorwiegend aus Indonesien und Indochina. In seiner besten Qualität kommt er aus Sumatra. Im Gegensatz zum Ceylonzimt ist die getrocknete Cassia dicker und dunkler, die Rinde härter, Geruch und Geschmack sind kräftiger und etwas scharf.

Die Ceylonsorte ist aufgrund ihres milden und betont süßen Geschmacks vor allem für Süßspeisen wie etwa Gebäck, Milchreis, Eis, Obst, Schokolade, Glühwein, Punsch, Likör und Tee geeignet. Ceylonzimt wird vor allem in Stangenform angeboten. Der schärfer schmeckende Cassiazimt wird bei Currygerichten, Hammelfleisch und Fisch verarbeitet.

Zimt wird sehr gern zum Würzen von Teegetränken verwendet, deren Geschmack und gesundheitliche Vorzüge dadurch noch verstärkt werden. In Mexiko würzt man sogar den Kaffee mit Zimt. Er kann die magenaggressiven Eigenschaften von hohem Kaffeekonsum dämpfen.

Die Wirkstoffe

Zimt brilliert durch seinen hohen Gehalt an ätherischen Ölen: Zimtaldehyd, Eugenol, Linalool, Benzaldehyd, Pinen, Cymen, Phillandren und viele andere mehr. Daneben enthält er viele Gerb- und Schleimstoffe. Die ätherischen Zimtöle lösen Spannungen der glatten Darmmuskulatur, wirken darüber hinaus antiseptisch und kreislaufanregend. Zimt gehört daher zu den wirksamen Heilgewürzen bei Infektionen und Entzündungen des Darmes sowie bei Kreislaufschwäche und niedrigem Blutdruck. Die Wirkung auf den Darm wird durch die Gerbstoffe noch verstärkt. Die Schleimstoffe machen Zimt zu einem Heilmittel bei trockenem Reizhusten, Heiserkeit und unangenehm kratzenden Rachenentzündungen. In Form von Zimtöl oder speziellen Zimtgels regt er die Durchblutung der Haut an.

Schon in der Bibel wird über die desinfizierende Wirkung von Zimt berichtet. Demnach wurde er damals dem Trinkwasser beigemengt, um Seuchen vorzubeugen.

Die medizinischen Wirkungen

Innerlich angewandt unterstützt Zimt die Therapie und hilft vorbeugend bei

- Darminfektionen
- Darmkoliken
- Durchfall
- Heiserkeit
- Kreislaufschwäche
- niedrigem Blutdruck
- Rachenentzündungen
- Reizhusten
- Verdauungsträgheit

Äußerlich angewandt, als Öl oder Gel, unterstützt Zimt die Wärmetherapie von Gelenkentzündungen, rheumatischen Erkrankungen und Sportverletzungen.

Zimt und Ayurveda

Zimt wirkt insgesamt ausbalancierend auf die drei Doshas. Er trägt also zu einer größeren Harmonisierung unseres seelischen und körperlichen Befindens bei. Er mobilisiert unser Verdauungsfeuer Agni, wirkt darm- und blutreinigend und gemäß ayurvedischer Lehre rhythmisierend: Er stabilisiert nicht nur Atem und Pulsschlag, sondern auch unsere Verdauungs- und Bewegungsabläufe. Zimt wirkt daher auf unsere Psyche, die besser von Stressbelastungen auf Entspannung umzuschalten lernt.

Schwarzer Tee mit Zimt

Zur Anregung von Psyche und Kreislauf

1 TL schwarzer Tee · 1/4 Stange Zimt · 200 ml Wasser

1 Den Tee und den Zimt zusammen mit heißem Wasser überbrühen, 5 Minuten ziehen lassen.
2 Durch ein Sieb gießen. Trinken Sie diesen Tee, wenn Sie seelisch und körperlich erschöpft sind.

Das Koffein des Tees besitzt aufgrund der Teegerbstoffe eine geringere Wirkung als bei Kaffee. Tee eignet sich daher zusammen mit dem Kreislauf anregenden Zimt gut als psychisch-körperliche Erfrischung, die gesundheitlich unbedenklich ist.

Friesischer Teepunsch mit Zimt

Gegen Erkältungen
Für 2 Portionen

3 gehäufte TL Ostfriesentee · 1/2 l Wasser · 1/2 l Rotwein
1 Gewürznelke · 1 TL gemahlener Anis · 1/4 Stange Zimt
2 EL Zucker · 3 EL Zitronensaft · Kandiszucker

1 Den Tee mit kochendem Wasser überbrühen, 5 Minuten ziehen lassen, durch ein Sieb gießen.
2 Rotwein, Nelke, Anis, Zimt und Zucker dem Tee beifügen und alles nochmals erhitzen. Anschließend mit Zitronensaft servieren.
3 Mit Kandiszucker nach Belieben nachsüßen.

Indisches Apfelmus

Hilfreich bei Durchfall und Darmentzündungen
Für 2 Portionen

400 g Äpfel (leicht säuerlich) · 1 unbehandelte Zitrone
1 Orange · 3 EL brauner Rohrzucker · 1 Stange Zimt
1 Messerspitze gemahlener Kardamom · 5 Walnüsse

1 Die Äpfel waschen, entkernen und das Fruchtfleisch in Achtel schneiden.
2 Von der Zitrone zuerst die Schale abreiben, dann die Zitrone auspressen und alles beiseite stellen.
3 Die Orangen auspressen und den Saft aufbewahren. Die Walnüsse aufknacken und zerkleinern.
4 Apfelstücke, Zitronensaft, Orangensaft, Zucker, Gewürze und Zitronenschale in einen Topf geben, etwa 10 Minuten bei mittlerer Hitze zu einem dicken Mus einkochen.
5 Das Apfelmus von der Kochstelle nehmen und die Walnüsse unterrühren. Kalt servieren.

Das besondere Rezept

Rotweinzwiebeln in Zimt

Für 4 Portionen

500-600 g Zwiebeln
3 EL Butter
1 TL Pflanzenöl
2 EL brauner Rohrzucker
2 EL Tomatenmark
3 EL Apfelessig
1/2 l Rotwein (herb)
1 Messerspitze Kardamom
1 Stange Zimt
Salz

1 Die Zwiebeln abziehen und halbieren. In Butter und Öl anrösten. Den Zucker und etwas Salz darüber streuen und die Zwiebeln goldgelb werden lassen.
2 Wenn der Zucker bei den Zwiebeln geschmolzen ist, das Tomatenmark mit Essig verdünnen und mit dem Rotwein zu den Zwiebeln geben.
3 Die Zimtstange, den Kardamom und den Cayennepfeffer hinzufügen. Bei schwacher Hitze kochen lassen, bis die Zwiebeln weich sind. Zwischendurch immer wieder umrühren.

Reines Zimtöl wird aus unreifen und getrockneten Früchten des Cassiazimtes sowie aus Blättern und Rindenbruch destilliert.

Gewürzmischungen

Kräuter- und Gewürzmischungen sind seit alters her bekannt, angefangen beim Kräuterstrauß bis zum Lebkuchengewürz. Anders geartet sind die fernöstlichen Mischungen, die neben der Würzkraft auch heilende und krankheitsvorbeugende Wirkungen haben. Das richtige Kombinieren von Gewürzen ist eine Kunst und – im Fall einer therapeutischen Absicht – eine Wissenschaft für sich. Die nachfolgenden Rezepte gehen einerseits auf die jahrhundertealten Erfahrungen in den Küchen der Alten und der Neuen Welt zurück, berücksichtigen andererseits aber auch die medizinischen Aspekte der Gewürzlehre, die gerade in Asien besonders beachtet wird.

Eine gute Mischung von Kräutern und Gewürzen kann unserem Wohlbefinden sehr zuträglich sein.

Asiatische Paste

Für pikante Gemüsegerichte

4 Zwiebeln · 5 Tomaten · 4 frische Chilischoten
3 Knoblauchzehen · 1 Stück Ingwer · 6 EL Weißweinessig

Die Zwiebel abziehen und klein hacken. Die Tomaten und die Chilischoten waschen und von den Stielansätzen befreien. Die Tomaten vierteln. Den Knoblauch abziehen und klein schneiden. Alle Zutaten im Mixer zu einer Paste pürieren. Anschließend in ein Glas mit fest sitzendem Deckel füllen und im Kühlschrank aufbewahren. Dort hält sie sich etwa drei Wochen.

Geeignete Gerichte: Vor allem Gemüsespeisen oder Gemüsegerichte mit Fleischzusatz. Probieren Sie die Paste zu Chili con carne! Sie werden merken, dass sich texanische Gerichte mit fernöstlichen Geschmacksnoten kombinieren lassen!

Medizinische Vorteile: Durch die Sulfide von Knoblauch und Zwiebeln ist die Gewürzmischung im höchsten Maß antibiotisch. Sie kann – frühzeitig verwendet – die Entwicklung von Erkältungskrankheiten aufhalten. Die Kombination von Ingwer und Chili hilft vorbeugend gegen Reisekrankheit.

Kräuter und Gewürzmischungen gibt es in großer Vielfalt. Auch Mischungen gleichen Namens sind oft, je nach Gericht oder Region, voneinander verschieden. Beispiele dafür sind Bouquet garni, das je nach Gericht seine Bestandteile ändert, oder auch Curry, von dem es in jeder fernöstlichen Landschaft eine Vielzahl von Varianten gibt.

Berbere

Äthiopische Gewürzpaste

6 Knoblauchzehen · 1 TL Ghee · 200 g Paprikapulver (edelsüß) · 1 TL Ingwerpulver · 1 TL frisch zerriebene Muskatnuss · 1 Messerspitze Kardamom 1 Messerspitze Koriander · 1 Messerspitze Bockshornklee · 1 Messerspitze Nelkenpulver 1 Messerspitze Cayennepfeffer · 2 EL fein gehackte Zwiebeln · 2 EL Salz · 300 ml Wasser 3 EL Rotwein · 2 EL Pflanzenöl

In einer großen Pfanne Ghee erhitzen, den Knoblauch abziehen, fein schneiden und alle Gewürze hineingeben. 2 Minuten unter Rühren leicht anrösten. Nach und nach das Wasser und den Wein zugießen und unterrühren. 15 Minuten bei schwacher Hitze unter ständigem Rühren kochen lassen. Die Paste vom Herd nehmen, in ein Glas füllen und auf Zimmertemperatur abkühlen lassen. Zum Schluss das Öl darüber gießen und das Glas luftdicht verschließen. Im Kühlschrank hält sich Berbere etwa vier Monate.

Geeignete Gerichte: Passt vor allem zu Fleischspeisen. Besonders schmackhaft ist es, Rindersteaks mit der würzigen Paste zu bestreichen.

Medizinische Vorteile: Fördert die Verdauung von nicht durchgegartem Fleisch (wie etwa »Steak medium«).

Bouquet garni

Strauß aus vier frischen Kräutern

2 Thymianzweige · 2 Majoranstängel · 1 Bund Petersilie 1 Bund Schnittlauch

Die einzelnen Kräuter werden in einem Strauß zusammengebunden und dem fast fertig gekochten Essen zugefügt.

Geeignete Gerichte: Passt gut zu Fleisch- und Gemüsesuppen, Geflügelgerichten und Quarkspeisen.

Medizinische Vorteile: Hoher Gehalt an Vitamin C, Folsäure und wichtigen Mineralien wie Kalzium, Kalium, Magnesium, Zink und Eisen.

Der klassische Kräuterstrauß Bouquet garni kennt viele Varianten. Wenn Sie diese Kräutermischung für Wildgerichte einsetzen wollen, sollten Sie Schnittlauch gegen Lorbeerblatt eintauschen. Bei Fisch ersetzen Sie Majoran durch Fenchelblätter.

Cajun

Würzmischung aus Louisiana

1 Zwiebel · 2 Knoblauchzehen · 2 TL Paprika (edelsüß)
1 TL gemahlener Pfeffer · 1 TL Kreuzkümmelpulver
1 TL Cayennepfeffer · 1 TL Salbeiblätter · 2 TL Salz

Gewürzmischungen sind in ihren Wirkungen sehr vielseitig. Sie machen deftige Gerichte leichter verdaulich, halten Erkältungskrankheiten auf, mobilisieren die Verdauung und schenken uns reinen Atem.

Die Zwiebel abziehen, sehr fein hacken. Den Knoblauch ebenfalls abziehen und über die Zwiebel pressen. Mit den anderen Zutaten gut vermischen. Möglichst frisch verwenden.

Geeignete Gerichte: Gegrillte Fleisch- und Fischgerichte, Eintöpfe, Reistöpfe

Medizinische Vorteile: Das Cajungewürz macht deftige Fleischgerichte leichter bekömmlich.

Chat masala

Nordindische Gewürzmischung

1 TL Pfefferkörner · 1 EL Kreuzkümmelsamen · 1 TL Ajowansamen · 1 TL zerkleinerte Pfefferminze · 2 TL Mangopulver
1 TL Cayennepfeffer · 2 TL gemahlener Ingwer

Pfefferkörner sowie Kreuzkümmel- und Ajowansamen zermahlen und mit den anderen Gewürzen sorgfältig vermischen.

Geeignete Gerichte: Obstsalate, Obstquark, Fruchtdesserts

Medizinische Vorteile: Chat masala ist ein erstklassiges Mittel, um die Therapie von Atemwegserkrankungen zu unterstützen. Dieser Effekt ist natürlich dann am stärksten, wenn Sie es zum Würzen von Vitamin-C-haltigem Obst verwenden.

Chinagewürz

1 Zimstange · 2–3 cm Ingwerwurzel · 1 EL Fenchelsamen
1 TL Gewürznelken · 1 TL frisch gehackte Pfefferminze

Alle Gewürze zerkleinern, im Mörser vermischen und zerstoßen.

Geeignete Gerichte: Vor allem Desserts, auch mit Obst, und süßsaure Chinagerichte mit Reis und frittiertem Fleisch

Medizinische Vorteile: Die Gewürzmischung mobilisiert vor allem die Verdauung und verleiht einen angenehmen Atem.

Curry

3–4 EL Koriandersamen · 2 TL Kreuzkümmelsamen
1 TL schwarze Pfefferkörner · 1 TL Bockshornkleesamen
1 gestrichener TL Ingwerpulver · 1 EL gemahlener Kurkuma

Für Curry gibt es unzählige Mischungen. Sie können auch variieren. Wenn Sie kleine Prisen von Senfkörnern und getrocknetem rotem Chilipulver hinzufügen, wird der Curry dadurch deutlich schärfer. Möchten Sie es gern etwas süßer, so fügen Sie ein paar Gewürznelken und noch das Viertel einer Zimtstange, am besten Ceylonkaneel, hinzu.
Für den Curry die Gewürze in etwas Ghee (Butterreinfett) rösten, bis sie dunkel werden. Dabei häufig umrühren. Schließlich abkühlen lassen und alles miteinander vermahlen.

Geeignete Gerichte: Reis, Fleisch, Fisch, Geflügel, Wurst (z. B. die berühmte Currywurst), Hackfleisch

Medizinische Vorteile: Curry verbessert die Verdaulichkeit von opulenten Speisen mit viel tierischem Fett.

Den Curry gibt es nicht, denn bei »Curry« handelt es sich um einen Sammelbegriff für eine Vielzahl von möglichen Gewürzkombinationen. Unser Curryrezept besitzt einen weniger scharfen Geschmack, dafür ein umso intensiveres Aroma.

Englisches Pudding- und Kuchengewürz

1 Stange Zimt · 1 EL Gewürznelken
1 EL geriebene Muskatnuss · 1 EL Macis · 1 EL Koriandersamen · 1 TL zerstoßener Ingwer

Alle Gewürze im Mörser zu einem Pulver vermahlen und gut miteinander mischen.

Geeignete Gerichte: Kuchen, Biskuits, Pudding, Cremes, heiße Schokolade, Obstsalate

Medizinische Vorteile: Durch den hohen Zimt- und Muskatanteil zusammen mit Koriander wirkt diese Mischung sehr beruhigend!

Fines herbes

4 EL gehackte Petersilie · 2 EL gehackter Schnittlauch
2 EL gehackter Kerbel · 2 TL gehackter Estragon

Alle Kräuter gut miteinander vermischen, in ein Schraubdeckelglas füllen und möglichst frisch verwenden.

Geeignete Gerichte: Eierspeisen, Salatsaucen, Brotaufstrich mit Quark, Streichkäse und Joghurt

Medizinische Vorteile: Hoher Anteil an Vitaminen und Mineralien. Da bei dieser Mischung keine getrockneten, sondern frische Kräuter verwendet werden, müssen diese auch in frischem Zustand verarbeitet und verzehrt werden.

Fischgewürzmischung

2 TL Fenchelsamen · 1 gestrichener TL Koriandersamen
1 TL Ajowansamen · 1 TL schwarze Pfefferkörner
1 Knoblauchzehe · 2 EL Zitronensaft

Beim Fischgewürz können Sie anstelle von Ajowan auch Thymian verwenden.

Fenchel, Koriander, Ajowan und Pfeffer vermahlen, den Knoblauch abziehen, dazupressen und mit Zitronensaft vermischen.

Geeignete Gerichte: Optimal als Gewürzmarinade für gebratene Fischfilets

Medizinische Vorteile: Eine günstige Mischung aus vielen Heilpflanzen, die bei der Therapie von Atemwegserkrankungen helfen kann.

Garam masala

Nordindische Gewürzmischung

3 Zimtstangen · 2 EL grüne Kardamomsamen · 1 EL ganze Gewürznelken · 1/2 Tasse schwarze Pfefferkörner · 1 Tasse Kreuzkümmelsamen · 1 Tasse Koriandersamen · etwas Ghee

Den Zimt mit einem Nudelholz zerkleinern. In einer Pfanne etwas Ghee erhitzen und alle Zutaten unter ständigem Rühren rösten. Abkühlen lassen und vermahlen.

Geeignete Gerichte: Besonders schmackhaft zu Zwiebel- und Tomatensaucen, außerdem zu Fleisch und Geflügel. Geben Sie Garam masala erst kurz vor dem Servieren hinzu.

Medizinische Vorteile: Garam masala weht wie ein milder asiatischer Seewind durch unsere Brust: Es verbessert die Atmung und befreit die Bronchien von Schmutz und Schleim. Eine gute Unterstützung bei grippalen Infekten und Husten!

Mughal Garam masala

Nordindische Gewürzmischung

2 Zimtstangen · 200 g grüne Kardamomsamen
1 EL ganze Nelken · 1 EL schwarze Pfefferkörner
1 gehäufter TL geriebene Muskatnuss

Die Zimtstangen mit einem Nudelholz zerkleinern. Alle Zutaten, außer der Muskatnuss, zu Pulver vermahlen. Dann mit der bereits gemahlenen Muskatnuss vermischen.

Geeignete Gerichte: Mughal Garam masala schmeckt milder als das traditionelle Garam masala, kann daher für praktisch alle Gerichte verwendet werden, die einen indischen Einschlag bekommen sollen.

Medizinische Vorteile: Mughal Garam masala wirkt ähnlich wie Garam masala, es erzeugt allerdings durch seinen hohen Muskatanteil auch einen deutlichen Beruhigungseffekt auf strapazierte Nerven.

Garam masala und Mughal Garam masala sind die wichtigsten Gewürzmischungen der nordindischen Küche. Auch bei ihnen gibt es unzählige Varianten. Für den Anfänger ist die Mischung von Mughal Garam masala zu empfehlen, denn diese Gewürze müssen nicht geröstet werden.

Tabil

Tunesische Gewürzmischung

1 EL Koriandersamen · 6 Knoblauchzehen
1 TL schwarze Pfefferkörner · 1 TL Kümmelsamen

Den Backofen auf 100 °C vorheizen. Den Knoblauch abziehen und zusammen mit den anderen Gewürzen im Mörser zerstoßen. Die Mischungen auf einem Blech bei 100 °C (Gas Stufe 1) im Backofen etwa 30 Minuten trocknen lassen. Nach dem Trocknen zu feinem Pulver zermahlen.

Geeignete Gerichte: Gemüse- und Fleischgerichte, sehr gut zu Fleisch- und Gemüsesuppen

Medizinische Vorteile: Eine sehr scharfe Körperhitze erzeugende Gewürzmischung mit hohem Anteil an antibiotischen Sulfiden. Ist daher sehr gut geeignet zur frühzeitigen Behandlung von Schnupfen.

Die meisten Gewürze sind anspruchslos. Sie sind aber abhängig von Licht und Temperatur.

Gewürze selbst anbauen

Wärme und Sonne

Viele Gewürzkräuter kommen aus Gegenden, in denen viel Sonne scheint und subtropische bis tropische Klimabedingungen vorherrschen. Doch kann auch der mitteleuropäische Raum mit einigen Gewürzkräutern aufwarten. Wenn man ihnen ein sonniges, luftgeschütztes Plätzchen anbietet, gelingt auch die Aufzucht von Gewürzpflanzen, die aus wärmeren Gebieten (beispielsweise aus dem Mittelmeerraum) stammen.

Die richtigen Bodenverhältnisse

Gewürzkräuter werden für unsere Speisen verwendet und sollten daher in jedem Fall biologisch angebaut werden. Die Fruchtbarkeit der Böden wird also am besten mit natürlichem Dünger oder Kompost verbessert.

Gewürzkräuter zählen zu den toleranten Pflanzen, die nicht allzu pingelig in ihren Bodenansprüchen sind. Ihr Ertrag ist allerdings umso größer, je mehr die Bodenbedingungen ihnen entgegenkommen. Wichtig ist aber, dass die richtigen Kräuter nebeneinander stehen: Dill soll nicht neben Fenchel wachsen, sie bestäuben sich gegenseitig! Fenchel, Koriander und Kümmel behindern sich gegenseitig im Wachstum. Liebstöckel hemmt ebenfalls Nachbarpflanzen, er braucht viel Abstand. Außerdem mag er die stark duftende Pfefferminze nicht. Petersilie mag sich selbst nicht. Wenn Sie im Topf wächst, muss jedes Jahr die gesamte Erde ausgetauscht werden. Im Folgenden werden die unterschiedlichen Böden mit ihren Pflanzen aufgeführt:

Leichter Kalkboden

Der Boden ist alkalisch, besitzt also einen hohen pH-Wert, lässt Wasser schnell nach unten durchsickern. Sein Nährstoffgehalt ist eher niedrig, er eignet sich daher für die »Asketen«.
Auf Kalkboden wachsen

- Bohnenkraut
- Majoran
- Rosmarin
- Wacholder

Durchlässiger Sandboden

Der Boden hat einen hohen Sandanteil, ist sehr wasserdurchlässig, mit relativ geringem Nährstoffanteil, da die Nährstoffe mit dem absickernden Wasser fortgespült werden. Dennoch ist er für einige Mittelmeerkräuter optimal.

Sandboden eignet sich für

- Anis
- Fenchel
- Koriander
- Oregano
- Russischen Estragon
- Thymian

Lehmboden

Dieser Boden besitzt ein ausgewogenes Verhältnis an Ton, Sand und Schwemmpartikeln. Der Nährstoffgehalt ist recht hoch, daher für viele Kräuter geradezu ideal. Lehmboden muss allerdings im Topf oder Kasten regelmäßig mit der Gabel oder im Garten mit einem anderen Gerät, am besten mit einem Gruber oder einem so genannten Kultivator, durchlüftet werden.

Auf Lehmboden wachsen

- Basilikum
- Dill
- Knoblauch
- Koriander
- Kümmel
- Liebstöckel
- Lorbeer
- Petersilie
- Salbei
- Schnittlauch
- Thymian

Von den Kräutern, die in unseren Breiten wachsen, eignen sich viele zum Anbau auf dem Balkon. Südwärts ausgerichtete Balkone bieten gerade den sonnenverwöhnten Gewürzen nahezu ideale Bedingungen.

Humoser Lehmboden

Der Boden ist reich an organischer Substanz, sehr dicht und sehr feucht. Er muss ständig mit einem Gerät oder durch Anbau tief wurzelnder Pflanzen durchlüftet werden, damit die Kräuter keine nassen Füße bekommen.

Humoser Lehmboden eignet sich für

- Kapuzinerkresse
- Petersilie
- Pfefferminze
- Zitronenmelisse

Tonboden

Dieser Boden ist sehr dicht, backt förmlich bei Hitze zusammen. Bei Regen wird er schwer und klebrig. Lockern Sie ihn mit Kompost und tief wurzelnden Pflanzen auf!

Tonboden eignet sich für

- Pfefferminze
- Salbei
- Thymian

Die richtigen Licht- und Temperaturverhältnisse

Die überwiegende Anzahl der Gewürzkräuter kommt aus sonnig-warmen Gebieten. Sie gedeihen auch hier zu Lande am besten, wenn man sie unter ähnlichen Voraussetzungen ausbringt. Zu den wärmebedürftigen Südländern unter den Gewürzen zählen

- Basilikum
- Bohnenkraut
- Dill
- Fenchel
- Französischer Thymian
- Koriander
- Majoran
- Oregano
- Rosmarin
- Salbei

Die meisten Kräuter, die wir benötigen und schätzen, können wir mit einiger Sorgfalt selbst ziehen. Doch gilt es nicht nur die Bodenbeschaffenheit zu beachten. Gerade Kräuter aus südlichen Regionen sind sehr von Licht und Temperatur abhängig.

Andere Kräuter kommen entweder aus mitteleuropäischen Gegenden oder sie leben als »Eingereiste« bereits so lange hier, dass sie sich mit Regen und Kälte arrangiert haben.

Zu den widerstandsfähigen Gewürzpflanzen gehören

- Deutscher Thymian
- Estragon
- Kerbel
- Kümmel
- Liebstöckel
- Petersilie
- Schnittlauch

Aussaat und Pflanzung

Prinzipiell gibt es drei Möglichkeiten, um sich seine eigene Gewürzkultur hochzuziehen

- Sie kaufen die vorgezogenen Pflanzen beim Gärtner, um sie dann bei Ihnen einzusetzen.
- Sie kaufen die Samen und säen selbst aus.
- Wenn bereits ausdauernde (also nicht ein- oder zweijährige) Gewürze im Garten heimisch sind, lassen sie sich auch durch Teilung der Wurzelstöcke oder durch Stecklinge vermehren.

Die preiswerteste Alternative ist sicherlich das Aussäen – vor allem bei Kräutern, die man sehr häufig braucht wie etwa Kümmel, Petersilie, Schnittlauch, Dill und Kresse. Achten Sie beim Kauf der Samen auf das aufgedruckte Datum, mit dem der Hersteller die Keimfähigkeit garantiert!

Die Saattermine für die einzelnen Kräuterarten sind sehr unterschiedlich. Petersilie und Kresse beispielsweise ertragen auch Kälte und können daher bereits im März im Freiland gesät werden, andere Pflanzen wie Basilikum und Majoran sollten erst im Mai nach draußen kommen. Die einzelnen Saattermine entnehmen Sie bitte dem folgenden Saat- und Erntekalender.

Saat- und Erntekalender der Gewürze

Pflanze	Aussaat	Pflanzung	Ernte/Erntezeit	Ökologische Vorteile
Basilikum	Juni		Blätter; von Frühsommer bis Herbst	guter Nachbar von Gurken
Bockshornklee	Frühjahr		Samen; Sommer	
Dill	April – Mai		Blätter; während des ganzen Sommers	zieht Schwebefliegen an; wehrt Kohlweißlinge ab
Estragon (russisch)	April – Mai		Blätter; während des ganzen Sommers	
Fenchel	Juli		Samen; Okt. – Nov. Blätter; Sommer	
Kapuzinerkresse	Mai – Juni		Blätter; während des ganzen Sommers	hält Ameisen, Läuse, Schnecken, Raupen fern
Knoblauch		Herbst oder Frühjahr	Knollen; Spätsommer	hält Mäuse, Raupen, Schnecken fern
Koriander	April – Mai		Samen; Spätsommer Blätter; Sommer	wichtige Bienenweide
Kümmel	August		Samen; Sep. – Okt.	lockert schweren Boden auf
Liebstöckel	März oder August		Blätter; Sommer oder Herbst	wichtige Bienenweide
Majoran	Juni		Blätter; während des ganzen Sommers	
Petersilie	Juni – August		Blätter; während des ganzen Jahres	
Pfefferminze		Frühjahr	Blätter und blühende Stängel; Juni	hält den Kohlweißling und Erdflöhe fern
Rosmarin		Frühjahr	junge Triebe, Blätter; Sommer	hält Mörenfliegen fern
Salbei	Mai – Juni		Blätter und Triebe; Sommer	wehrt Raupen, Läuse und Schnecken ab
Thymian	April	ab Mai	Blätter, Triebe; Frühjahr bis Winter	wehrt Raupen und Läuse ab

Getrocknete Gewürze benötigen viel Sorgfalt beim Lagern, um ihre Würzkraft zu erhalten.

Gewürze kaufen und lagern

Der richtige Einkauf

• Kaufen Sie nicht mehr, als Sie Ihrer Schätzung nach innerhalb eines Jahres verbrauchen! Keine Verpackung ist so dicht, dass die Gewürze in ihr nicht an Aroma verlieren würden.

• Bei Würzpflanzen, deren Blätter oder Stängel verwendet werden (Basilikum, Beifuß, Dill, Estragon, Fenchelblätter, Korianderblätter, Kresse, Liebstöckel, Petersilie, Pfefferminze, Salbei, Thymian), sowie bei Knoblauchknollen gilt: Frischware ist der getrockneten oder tiefgefrorenen Ware geschmacklich und medizinisch überlegen. Die Gewürze sollten daher möglichst frisch beim Gemüse- oder Gewürzhändler gekauft werden.

• Kaufen Sie möglichst wenig pulverisierte Gewürze! Stellen Sie sich vor: Wenn Sie einen Würfel in zwei, vier oder noch mehr Teilstücke zerlegen, nimmt die Gesamtoberfläche durch den Zugewinn an Schnittstellen immer mehr zu, und wo mehr Oberfläche ist, dort können auch die flüchtigen Öle der Pflanzensubstanz schneller entweichen, Schadstoffe und Parasiten schneller in die Pflanzensubstanz eindringen. Aus diesem Grund besitzen die pulverisierten Gewürze, die im Handel angeboten werden, nur noch relativ wenig Aroma, dafür aber häufig umso mehr Schadstoffe und Mikroben.

Ein weiteres Argument gegen pulverisierte Gewürze: Man sieht dem Pulver nicht mehr an, was eventuell dazu gemischt wurde. So wird beispielsweise das sündhaft teure Safranpulver mitunter durch billiges Ringelblumenpulver gestreckt. Seien Sie also vorsichtig.

• Achten Sie beim Einkauf getrockneter Gewürze auf kräftige Farben und vollen, nicht muffigen Duft. Nehmen Sie auf keinen Fall Früchte und Schoten, die rissig, geschrumpft oder hohl aussehen.

Die Lebensmittelüberwachung prüft hier zu Lande bei Gewürzen den Gehalt an ätherischen Ölen. So muss Pfeffer 0,7 Milliliter ätherische Öle auf 100 Gramm enthalten, sonst gilt er als wertgemindert.

• Kaufen Sie Gewürzsamen nicht in vorgepackten Säckchen, die voller Staub und Pulver sind.

• Gewürze kommen meistens aus Ländern der Dritten Welt. Die in den gängigen Lebensmittelgeschäften erhältlichen Gewürze werden meistens über Zwischenhändler und Konzerne geliefert, die den Großteil des Verkaufserlöses für sich beanspruchen und den herstellenden Bauern nur wenig Gewinn überlassen. Demgegenüber bemüht sich die Gesellschaft zur Förderung der Partnerschaft mit der Dritten Welt (GEPA), den Zwischenhandel zu umgehen und direkt von alternativen Anbaugenossenschaften zu importieren, wie es sie beispielsweise auf Sri Lanka gibt. Diese Gewürze sind entsprechend gekennzeichnet und in alternativ orientierten Gewürz- und Naturkostläden erhältlich.

Die richtige Lagerung

• Frische Gewürze wie Dill, Petersilie und Basilikum halten sich – locker in Alufolie gewickelt und gut verschlossen – im Gemüsefach des Kühlschranks etwa fünf Tage.

• Trockengewürze lagern Sie an kühlen Orten, die keinen größeren Temperaturschwankungen unterworfen sind! Ein Gewürzbord sollte nicht über der Heizung und auch nicht zu nahe am Küchenherd stehen.

• Lagern Sie Ihre Trockengewürze auch lichtgeschützt, weit ab vom Fenster! Denn gerade die UV-Strahlen der Sonne können so manchem ätherischem Öl den Garaus machen.

• Getrocknete Gewürze gehören – verpackt in luftdichten Behältern aus Aluminium oder abgedunkeltem Glas – in einen Schrank. Ganze Gewürze halten sich auf diese Weise bis zu einem Jahr.

• Plastikbehälter sind nur zum Teil zum Lagern von Gewürzen geeignet. Polyäthylen nämlich ist durchlässig für ätherische Öle, ist daher nur für ölärmere Gewürze wie Cayennepfeffer und Paprika geeignet. Behälter aus Polystyrol werden sogar von den aktivierten Scharfstoffen und Säuren aus diversen Gewürzpulvern angegriffen und sind daher grundsätzlich für die Lagerung von pulverisierten Gewürzen abzulehnen. Ähnliches gilt für Polyvinylchlorid.

• Schützen Sie Ihre gelagerten Gewürze vor Küchendampf! Er verfälscht den Geschmack und macht sie anfälliger für Pilz- und Bakterienbefall.

In einigen Ländern werden die Gewürze mit radioaktiven Strahlen behandelt, um sie zu entkeimen. In Deutschland ist dieses Verfahren verboten, da, wie das Bundesgesundheitsamt betont, »die gegenwärtigen Verfahren zur Haltbarmachung und Entkeimung vollkommen ausreichend sind«.

Bildnachweis

Alle Fotos stammen von Karl Newedel, München.

Hinweis

Das vorliegende Buch ist sorgfältig erarbeitet worden. Dennoch erfolgen alle Angaben ohne Gewähr. Weder Autor noch Verlag können für eventuelle Nachteile oder Schäden, die aus den im Buch gemachten Hinweisen resultieren, eine Haftung übernehmen.

Anmerkung der Redaktion

Diesem Buch liegt die im Juli 1996 in Wien beschlossene und ab 1.8.1998 geltende Neuregelung der deutschen Rechtschreibung zu Grunde.

Über den Autor

Dr. Jörg Zittlau hat Philosophie, Biologie und Sportmedizin studiert. Nach langjähriger Lehr- und Forschungstätigkeit arbeitet er jetzt als freier Wissenschaftsjournalist mit den Schwerpunkten Alternativmedizin, Psychologie und Ernährung.

Impressum

Redaktion: Brunhilde Thauer
Projektleitung: Berit Hoffmann
Redaktionsleitung: Dr. Reinhard Pietsch
DTP-Produktion: AVAK Publikationsdesign, München
Illustration: Roger Kausch, München
Layout: Jan Riemer, München
Plakat: Bettina Kammerer, München
Umschlag: Hempel/Langkau, München
Produktion: Manfred Metzger
Druck: Westermann Druck, Zwickau

Gedruckt auf chlor- und säurearmem Papier
Printed in Germany

ISBN 3-7787-3665-5

Sachregister

Rezepteregister